BIBLIOTHÈQUE

RELIGIEUSE, MORALE, LITTÉRAIRE,

POUR L'ENFANCE ET LA JEUNESSE.

PUBLIÉE AVEC APPROBATION

DE Mgr L'ARCHEVÊQUE DE BORDEAUX.

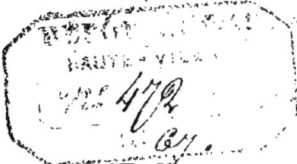

VOYAGES,
COMBATS, NAUFRAGES

DES

MARINS ET NAVIGATEURS

DE LA MARINE FRANÇAISE

PAR M. S. DE GRAVES.

LIMOGES
Eugène ARDANT et C. THIBAUT,
Imprimeurs - Libraires - Éditeurs.

1867

INTRODUCTION

OU

PRÉCIS HISTORIQUE

SUR

LA MARINE FRANÇAISE

—⟨—※—⟩—

AVANT de dérouler aux regards de nos lecteurs cette longue série d'entreprises guerrières, commerciales et scientifiques, qui, durant sept cents ans, ont illustré la marine française, peut-être ne sera-t-il pas hors de propos de tracer un exposé rapide des diverses situations où elle s'est trouvée depuis les temps les plus reculés jusqu'au treizième siècle.

Et d'abord, demanderons-nous, à tout esprit impartial, que signifient ces calomnieuses paroles, échappées à l'irréflexion de quelques Français et accueillies avec plus d'adresse que de bonne foi par des voisins envieux de notre gloire : « *La France* » *doit se contenter de triompher sur la terre et de n'y point con-* » *naître de renommée semblable à celle qu'elle s'y est acquise,* » *mais qu'elle renonce à l'orageux empire des mers et qu'elle en* » *abandonne le sceptre à des mains qui, mieux que les siennes,* » *sont accoutumées à le porter.* »

Quoi ! ce serait donc en vain que notre patrie, placée, comme
Corinthe, entre deux mers, verrait un grand nombre de ses cités aussi favorablement situées que Sidon, Tyr et Carthage?
L'avantage d'une si belle position qui a valu à ces villes anti-
ques la domination de la Méditerranée et de l'Océan ne saurait-
il permettre à la France l'ambition de marcher sur leurs traces? Et, captive sur le continent, elle devra, dans une oisive
indifférence, voir un pavillon étranger régner sur les flots qui
l'environnent! Ah! ce n'était pas ainsi que pensaient nos ancêtres; et ces braves Gaulois qui, en présence du futur vainqueur de l'Orient, ne craignaient que *la chute du ciel*, n'auraient pas consenti que leurs vaisseaux ne parussent que
comme tributaires sur les mers qui baignaient leurs côtes.
Leurs navires ne sont-ils pas les premiers qui, prompts à franchir les gouffres de l'Océan, allèrent, seize cents avant J.-C.,
jeter des habitants sur les plages encore désertes de l'Angleterre? Et dans des temps moins reculés, les ports qu'ils avaient
en si grand nombre creusés le long de leurs côtes, n'attestent-
ils pas le prix qu'ils mettaient à la suprématie des mers? D'un
côté se voyait le port de Narbonne, où l'Asie, l'Afrique, la
Sicile et l'Espagne se plaisaient à verser les tributs de leur industrie; ceux d'Aigues-Mortes, de Montpellier, de Toulon,
d'Antibes, de Fréjus; d'un autre côté, celui de Bordeaux, et
une infinité d'autres sur les rivages de la Saintonge et du Poitou. Tant de soins et de travaux n'auraient-ils été pris par eux
que pour ne jouer aucun rôle parmi les puissances maritimes?
Non certes; et, quand ils l'auraient voulu, la nature avait placé
en eux trop de dispositions à devenir d'excellents marins pour
qu'il leur fût possible d'y consentir : telles étaient ces dispositions qu'elles ne s'affaiblissaient pas même loin du sol natal; et
ce sont les villes que les Gaulois fondèrent en Italie, qui se
distinguèrent le plus par leurs forces navales. Venise, qui fait
remonter l'origine de ses fondateurs aux Vénètes, peuple sorti
du Morbihan; Gênes, dont les premiers habitants descendent
des Liguriens, peuples issus des Ambrons, à qui la Gaule avait
donné le jour; Trieste, bâtie par les Carnutes, nation venue
du pays Chartrain. Toutes ces cités se sont toujours signa-
lées par le courage, la science, l'habileté qu'elles ont déployés
sur les mers.

Toutefois, quelque célèbres que fussent ces colonies, elles n'ont jamais surpassé la gloire de leur métropole ; et pour avoir donné l'existence à toutes ces nations maritimes, la Gaule n'en continua pas moins d'être féconde en marins habiles et expérimentés. Mais comme si c'eût été peu de ceux qu'elle possédait, les étrangers à leur tour lui en envoyèrent, qui furent bientôt naturalisés par la réciprocité de bons offices et par des alliances nombreuses : elle vit les Phocéens élever sur ses côtes méridionales l'opulente ville de Marseille ; Marseille, la gloire de nos mers, l'héritière du commerce et de la prospérité de Narbonne ! Vainement la tribu ligurienne des Saliens jure-t-elle la perte de la naissante cité ; magnanime neveu d'Ambigat, Bellovèse, près d'aller en Italie exercer son aventureuse valeur, s'empresse d'en offrir le secours aux enfants des Grecs ; il dompte leurs ennemis ; il leur concilie l'affection des nations voisines, et par là il assure à sa patrie de nouveaux et industrieux citoyens, qui ne tarderont pas à la faire rivaliser avec les peuples les plus renommés par leur puissance navale. En effet, deux siècles se sont à peine écoulés depuis la fondation de Marseille, et déjà l'étendue de ses relations politiques et commerciales inquiète la jalouse susceptibilité de Carthage. La fille de Tyr ne peut supporter que la fille de Phocée fasse flotter son pavillon gaulois sur les côtes de l'Espagne et y établisse des comptoirs. Ne cherchant qu'un prétexte d'hostilité, un vaisseau punique enlève quelques barques marseillaises et la guerre éclate aussitôt entre les deux rivales. Elle fut terrible ; fiers de leurs richesses, les Marseillais, qui participaient à la fois et à l'industrie grecque et à l'activité comme à la valeur gauloise, attaquèrent sur tous les points leurs redoutables ennemis : ils les battirent dans toutes les rencontres, et ne déposèrent leurs armes victorieuses qu'après avoir obtenu les satisfactions qu'ils avaient le droit d'exiger.

Cependant le reste des Gaulois ne demeurait point dans l'oisiveté : de l'Italie, où Bellovèse les avait conduits, ils passèrent en Sicile ; ils y délivrèrent Denys l'Ancien qui, assiégé par des sujets rebelles et prêts de tomber en leur pouvoir, n'avait plus contre eux d'autre refuge que le tombeau. Toujours aussi hardis marins qu'intrépides guerriers, ces mêmes Gaulois franchirent ensuite la mer Ionienne pour secourir Sparte, dont allait triompher Epaminondas. Ils débarquèrent à Corinthe, qui, alliée de la cité de Lycurgue, était étroitement bloquée par une armée thébaine; et, sans attendre l'arrivée des Athéniens, qui devaient les renforcer, ils affranchissent Corinthe de la présence de ses ennemis. Quarante-sept ans plus tard, ils traversèrent encore les mers; et, associés aux Carthaginois, ils reparurent en Sicile, où sans doute ils auraient triomphé, si leurs timides alliés, saisis d'une terreur panique, ne les avaient entraînés dans leur déroute.

Ce fut encore par leur habileté à manœuvrer des navires, que trois peuples sortis des environs de Toulouse, les Tectosages, les Tolistoboges et les Trocmes, allèrent sur les bords du Sangarès et dans les champs cultivés autrefois par Gordius, fonder un royaume puissant : sur les pas de Sigovèse, ils avaient jadis abandonné leur patrie et pénétré jusqu'au fond de la Bohême; sous la conduite de Brennus, ils avaient dévasté une partie de la Grèce; guidés par Léonorix et Lutarix, ils avaient désolé la Thrace, pillé Bysance, soumis à un tribut les côtes de la Propontide, conquis l'Ysimachie et la Chersonèse; parvenus au Pont-Euxin et s'étant emparés des vaisseaux qui avaient porté l'ambassade envoyée vers eux par Antipater, ils gagnèrent l'Asie et y établirent le puissant empire des Galates.

Mais ce fut surtout quand les Romains cherchèrent à envahir la Gaule que la marine de cette nation se signala par des prodiges de valeur, de constance et d'habileté. César avait tout vu plier devant lui; les plus vaillants efforts ne l'avaient jusqu'alors retardé que peu de temps, et voilà qu'une peuplade, resserrée dans un coin de l'Armorique, l'arrête pendant une année; peu s'en faut même qu'elle ne triomphe de lui, et que le futur triomphateur des trois parties du monde ne voie sa gloire s'éteindre à son aurore dans les marais des environs de Vannes. Toute la puissance mise à la disposition du Triumvir romain suffit à peine pour accabler la marine de cette petite république; et la résistance qu'elle avait opposée irrita tellement le vainqueur dont elle avait humilié l'arrogance, que, pour s'en venger, il eut la lâche barbarie de mettre à mort le sénat de Vannes et de vendre à l'encan tout ce qui restait de cette nation.

Digne émule de la marine des Vénètes, celle de Marseille, attaquée à son tour par les Romains, sut également se défendre avec une héroïque résolution. Mais ce n'était pas encore le temps où des manœuvres savantes pouvaient décider du sort d'une bataille navale : toute l'habileté consistait alors à en venir à l'abordage, et à combattre sur les vaisseaux comme sur la terre. Dans cette sorte de combat, la victoire ne pouvait rester incertaine ; et les pâtres non moins mal armés que mal disciplinés, qui encombraient la flotte marseillaise, devaient finir par céder à l'élite des légions romaines. C'est aussi ce qui arriva en deux batailles consécutives, et la fortune des dominateurs du monde l'emporta sur la valeur des défenseurs de la Gaule. Dès lors, cette magnifique contrée, descendue, comme tant d'autres, du rang de nation à celui de province, attendit en silence qu'un peuple nouveau la rappelât à son antique splendeur

Ce peuple était le reste de cette colonie gauloise, conduite en Bohême par Sigovèse, et dont nous avons vu une portion s'établir en Asie sous le nom de Galates. Il avait fixé son séjour entre le Rhin et le Weser. Là, il s'était associé à quelques nations qui, de même que toutes les autres tribus de la Germanie et de la Gaule, étaient d'origine tartare ; et, quittant le nom de ses ancêtres par une dénomination qui lui fût commune avec ses alliés, il prit le nom de Franc, emblème de la franchise et de la liberté dont il faisait gloire de jouir. Bien qu'ils se soient rendus plus célèbres sur la terre que sur la mer, les Francs n'étaient cependant pas étrangers à ce dernier élément. En faut-il d'autres preuves que l'immortelle expédition qui, sous le règne de Probus, les couvrit d'une gloire impérissable ? Cet empereur, las d'avoir à combattre des peuples aussi turbulents, crut que leur valeur, entretenue par l'âpreté de leur climat, perdrait de son énergie si on les transportait sous un ciel plus doux. Plein de cette pensée, il exila les Francs dans la province du Pont. Mais que pouvait une telle mesure contre

1..

l'inflexible volonté de la nation du monde la plus courageuse?
A peine rendus dans leurs nouvelles demeures, les Francs se
saisissent de quelques vaisseaux, s'y embarquent rapidement,
traversent le Bosphore, la Propontide, l'Hellespont, entrent dans
la mer d'Egée, ravagent à droite et à gauche les côtes de
l'Asie-Mineure et de la Grèce, traversent la mer Ionienne, passent en Sicile, brûlent Syracuse, se dirigent vers l'Afrique; et
sans se laisser arrêter par une escadre qui, envoyée contre
eux, les a atteints à la hauteur de Carthage, ils continuent leur
route par le détroit de Gibraltar, contournent l'Espagne, cô-
toient la Gaule et arrivent à l'embouchure du Rhin, d'où ils
regagnent leurs anciennes demeures.

Tel fut le peuple entreprenant et audacieux qui tenta, en 420,
la conquête de la Gaule. On sent d'abord qu'ayant à lutter
contre la puissance romaine, il ne dut point s'occuper de la
marine. Il ne s'y livra que lorsque la nécessité de combattre
un peuple navigateur lui en eut fait sentir le besoin, et c'est ce
qui arriva sous le règne de Thierri Ier. Ce prince, fils aîné du
premier Clovis, régnait sur l'Austrasie; il s'y vit attaqué par un
nombreux essaim de pirates danois, qui, ayant pénétré par
l'embouchure de la Meuse, pillèrent les campagnes et en rap-
portèrent sur leurs vaisseaux un immense butin. Pour le leur
enlever, Thierri envoya à leur poursuite Théodebert, son fils,
à la tête d'une armée de terre et d'une flotte considérable. Le
jeune prince monta sur ses navires, vola sur les traces des
Danois, les atteignit, les attaqua à l'improviste, tua de sa propre main leur amiral, les vainquit et leur enleva les prisonniers
et les richesses qu'ils rapportaient dans leur patrie. Si cet exploit est le seul qui ait illustré notre marine sous la première
dynastie de nos rois, il est du moins assez beau pour prouver
que les Francs et les Gaulois cultivaient autant l'art naval que
l'avaient fait jadis leurs aïeux.

Au commencement de la seconde race la France fut inquiétée
sur l'Océan par les courses des Danois et des Anglais; les
Sarrasins, sur la Méditerrannée, désolaient notre commerce et
ravageaient nos côtes. Charlemagne prit aussitôt des mesures

pour dérober son peuple à tant de malheurs. Par ses soins, les anciens ports furent nettoyés, et on en creusa de nouveaux.

A force de bienfaits, il s'attacha tout ce qu'il put trouver d'habiles marins, et il les employa à bâtir un grand nombre de vaisseaux, qui furent en tout temps équipés et armés. Il eut aussi des vaisseaux armés à l'embouchure de toutes les rivières qui pouvaient donner accès aux ennemis, et en outre, dans tous les endroits exposés à des descentes, depuis l'embouchure du Tibre jusqu'aux extrémités de la Germanie. Les comtes avaient ordre de se tenir toujours sur leurs gardes d'assembler leurs milices, dès qu'il paraissait des navires étrangers sur les côtes. La garde était faite partout avec tant des soin, que les Normands et les autres pirates ne purent que très rarement opérer des descentes sur nos rivages.

Charlemagne fixa le premier établissement de la marine à Boulogne et y releva l'ancien phare que le temps avait détruit. Pour ménager une sorte de communication sur toutes les côtes de son royaume, il fit bâtir de distance en distance de petites tours, où il y avait la nuit des sentinelles, qui se répondaient les unes aux autres par des feux. Ces sentinelles étaient détachées des corps-de-garde qui défendait l'approche des côtes et les préservaient de tout débarquement ennemi. L'extrême prudence de ce monarque ne lui avait suggéré tant et de si minutieuses précautions que parce qu'elle prévoyait tous les malheurs que les pirates, venus du Nord et connus sur le nom de Normands, devaient un jour accumuler sur la France.

Un autre dessein que ce grand prince avait encore formé dans l'intérêt de la marine, ce fut de joindre l'Océan à la mer Noire en tirant un canal depuis la rivière de Rednitz qui se jette dans le Mein dont les eaux, se joignant à celles du Rhin, se précipitent avec elles dans l'Océan, jusqu'à la rivière d'Altmuth, dont les eaux tombent dans le Danube qui a son embouchure dans la mer Noire. Mais les terres se trouvèrent partout si molles et si marécageuses, et l'on connaissait si peu l'art de soutenir les terrains et de les dessécher, qu'il fallut renoncer à cette entreprise.

Tout le temps qui s'écoula depuis la mort de ce grand empereur jusqu'au règne de Philippe 1er vit la marine négligée soit par les malheurs ou l'incapacité des rois ; soit par l'obligation où l'on fut de réparer d'anciennes calamités et d'en prévenir le retour. Toutefois, les habitants de nos côtes ne laissèrent pas, durant cette période, de se livrer à une industrie qui tenait toujours à la disposition des gouvernants un grand nombre d'intrépides marins. Je veux parler de la pêche de la baleine. Ce monstrueux cétacé était alors fort commun sur nos côtes, non moins dans la Méditerrannée que dans l'Océan ; et, si nous en croyons Oppien dans son poème sur la pêche, les Artésiens, les Normands et les Basques faisaient, dès le troisième siècle, une guerre assidue à la baleine. Au rapport de plusieurs autres écrivains, cette pêche continua d'être en faveur jusqu'au onzième siècle.

Ce fut alors que s'exécuta l'une des plus grandes entreprises navales dont le moyen âge ait été témoin. Guillaume, duc de Normardie, à la tête d'une armée formée de soldats qui étaient venus de toutes les provinces du royaume, part avec neuf cents voiles pour la conquête de l'Angleterre, et il se rend maître de ce royaume par le gain d'une seule bataille. La France était suzerain de la Normandie et peut par conséquent s'arroger sans injustice la gloire de cette mémorable expédition.

Bientôt l'ardeur des croisades s'emparant de tous les cœurs, fit sentir à nos rois combien une bonne marine leur était indispensable. Mais, faute de l'avoir soutenue antérieurement, on fut obligé de recourir aux Vénitiens et aux Génois, et de leur emprunter à grands frais les navires nécessaires à ces guerres lointaines. Plus tard on construisit quelques vaisseaux à Marseille ; on en rassembla d'autres sur les côtes de la Provence et du Languedoc.

Aux premières croisades succédèrent les différents élevés entre la France et l'Angleterre par le mariage d'Éléonore de

Guyenne, que Louis-le-Jeune avait répudiée. Comme le plus grand acharnement présidait à la querelle de ces deux peuples, ils s'attaquaient l'un l'autre sans ménagement, et se livrèrent sur mer plusieurs combats où ils s'instruisirent mutuellement.

Philippe-Auguste, dans l'intention de porter la guerre chez les Anglais, équipa une flotte de dix-sept cents voiles. Mais ce coup d'essai ne fut pas heureux, et cet immence armement fut en partie surpris et ruiné par Ferrand, comte de Flandre, qui s'était ligué avec l'Empire et l'Angleterre. Ce feudataire rebelle vint ensuite avec une flotte anglaise assiéger ce qui restait de la nôtre dans le port de Dam, et les Français furent réduits à incendier eux-mêmes leurs vaisseaux, pour qu'ils ne tombassent point au pouvoir des ennemis. Les efforts que le même souverain tenta quelque temps après pour ressusciter notre marine, ne réussirent pas mieux.

Cette gloire était réservée à Saint-Louis. Nous lisons dans les chroniques de son règne que cet illustre monarque arma quatre-vingts navires pour défendre les côtes du Poitou contre la flotte d'Henri III. Dans sa première croisade, il partit de Chypre pour Damiette avec dix-huit cents vaisseaux, et celle qu'il rassembla pour la conquête de Tunis ne devait être guère moins nombreuse, puisqu'elle avait à bord soixante mille combattants.

C'est au règne de Philippe III, fils de ce pieux souverain, que commence l'ouvrage que nous offrons au public, parce que c'est un peu de temps après cette époque qu'éclairée par le flambeau de la sience, la marine sort des ténèbres où elle végétait depuis son origine. C'est de là que prend sa source cette longue suite d'actions héroïques et d'immortels exploits, qui suffiraient pour attester que la France n'est pas moins faite pour régner sur les mers que quelque nation que ce puisse être, si cette vérité n'était d'ailleurs démontrée par le haut période de prospérité où la marine était parvenue chez les Gaulois

Puisse cette intime conviction, qui résulte de ce qui vien

d'être lu et de ce qu'on va parcourir, animer d'une généreuse émulation la jeunesse, à laquelle est consacré ce livre! Puisse-t-elle brûler de l'ardeur qui jadis enflamma tant d'illustres Français! Si nous obtenons ce prix de nos travaux; si, parmi nos jeunes lecteurs, il s'en trouve seulement un seul qui, plein d'enthousiasme pour les héros dont nous avons recueilli les faits glorieux, se dévoue à l'honneur de les imiter; nous bénirons à jamais l'instant où nous aurons entrepris cet ouvrage, et les veilles que nous y aurons consacrées nous paraîtront les moments de notre vie le plus utilement employés.

MARINE

FRANÇAISE.

—◄─✳─►—

PRISE DE SOUTHAMPTON.

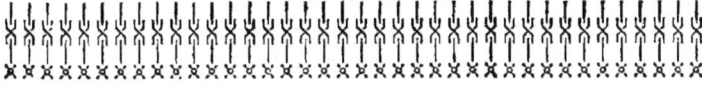

DE toutes les expéditions maritimes qu'entreprit et exécuta la marine française, les plus anciennes sont sans contredit celles de Philippe III, contre Pierre III, roi d'Arragon, de Philippe-le-Bel contre Edouard Ier, et de Philippe VI contre Edouard III. Dans la première, une flotte française de cent-vingt bâtiments ravagea les côtes de la Catalogne et fit expier au monarque espagnol l'avantage que lui donnait sur Charles d'Anjou la désastreuse journée des *vêpres siciliennes* : dans la seconde on vit Jean de Harcourt et Mathieu de Montmorency prendre Douvres, la saccager, et apprendre ainsi à l'arrogance britannique, que la mer n'élevait entre elle et nous qu'une impuissante barrière ; enfin, la troisième de ces entreprises ouvrit dignement la grande querelle qui avait éclaté entre la maison de Valois et le descendant de Guillaume-le-Bâtard, pour la succession de Charles-le-Bel, et elle eut pour résultat la prise et le pillage de Southampton, dont les habitants furent pour la plupart passés au fil de l'épée. Au nombre des glorieuses actions qui jetèrent quelque éclat sur les commencements d'un règne dont la suite devait être si déplorable, n'oublions pas de compter la victoire que les forces navales de la France remportèrent, en 1304, près des côtes de la Zélande, sur la flotte des Flamands, et la défaite de quarante-six vaisseaux anglais vaincus par une escadre française de trente six vaisseaux seulement, non loin de l'île de Guernesey. Ainsi furent vengées par avance, grâce à la marine française, les lamentables journées de l'Ecluse, de Crécy et de Poitiers. Mais ces compensations prématurées n'empêchèrent point Charles V d'en exiger de nouvelles, qu'il obtint par le secours de sa marine, lorsqu'en 1372, à la hauteur de la Rochelle, il battit la flotte anglaise, la détruisit, et fit prisonnier le comte de Pembrocke qui la commandait.

DESCENTE EN ANGLETERRE PAR JEAN DE VIENNE, AMIRAL.

La prudence de Charles-le-Sage et la valeur de du Guesclin avaient enfin purgé le royaume de la présence des Anglais, lorsqu'en 1377, quatre jours seulement après la mort d'Édouard III, et dans le temps qu'on était occupé à Londres du couronnement de son successeur, l'amiral français, Jean de Vienne, fit une descente dans le comté de Kent, surprit la ville de Rye, la brûla et la saccagea. Bientôt les villes de Hastings, Portsmouth, de Darmouth et de Plymouth éprouvèrent le même sort. L'amiral vint ensuite débarquer dans l'île de Wight, dont les villes furent, pour la plupart, prises et rançonnées. Effrayé de ces expéditions rapides, le peuple de Londres tremblait à son tour pour l'intégrité du royaume britannique, et commençait de murmurer contre le nouveau gouvernement. On se hâta de rassembler des gens de guerre. Le comte Salisbury et le sire de Montagu se mirent à leur tête et s'avancèrent vers les côtes. Ils furent obligés de se tenir perpétuellement en marche le long des rivages de la mer, sans perdre de vu la flotte française qui courait la Manche. Ils ne purent toutefois empêcher que Jean de Vienne mît pied à terre, et brûlât sous leurs yeux une partie de la ville de Poq. Cet amiral, après cette expédition, tenta d'aborder à Southampton, d'où il fut repoussé, et vint mouiller à la vue d'une abbaye peu distante de Douvres. Ayant rassemblé les milices des environs, le prieur de ce monastère disputa la descente aux assaillants. Il se livra un sanglant combat, dans lequel les Anglais furent défaits, mis en fuite, et laissèrent plusieurs prisonniers, du nombre desquels était le courageux prieur. Les Français, qui ignoraient encore la mort d'Édouard III, l'apprirent à cette drnière descente ; et sur-le-champ ils envoyèrent une barque pour en porter la nouvelle à Charles V.

Cependant, la terreur de notre marine s'était répandue dans toute l'Angleterre. Toute la nation croyait déjà voir les Français dans l'intérieur du royaume. Pressés par ces clameurs, les comtes de Cambridge et de Buckingham, oncles du monarque, rassemblèrent tout ce qu'ils trouvèrent d'hommes en état de porter les armes. Ils bordaient le rivage de Douvres avec cent mille combattants lorsque la flotte française parut à la vue de cette ville. Mais un si formidable armement n'empêcha point Jean de Vienne de se tenir devant le port durant le jour entier et la nuit suivante. Le lendemain, il leva l'ancre ; et après avoir frappé d'une salutaire frayeur tous les habitants de l'Angleterre, après avoir vengé par de justes représailles tous les maux qu'ils avaient répandus sur la France, l'amiral vainqueur se présenta à l'entrée du havre de Calais, que les Anglais occupaient encore ; il les obligea par ce mouvement à se tenir sur leurs gardes de ce côté, et il favorisa la guerre que Charles V faisait alors dans le Boulonais.

PRISE DE SANDWICK PAR P. DE BRÉZÉ, COMTE DE MAULEVRIER, AMIRAL.

Déjà célèbre par les services qu'il avait rendus à Charles VII, tant à Saint-Maixent et au Mans qu'aux siéges de Conches, de Pont-de-l'Arche, de Verneuil, de Pont-Audemer, de Mantes, de Vernon, de Rouen, et à la bataille de Formigny, Pierre de Brézé, comte de Maulevrier, fut chargé par ce monarque de commander contre l'Angleterre une expédition dont le but était de chasser les Anglais des comtés de Calais et de Guines, qu'ils possédaient encore. Pierre de Brézé partit de Honfleur avec une flotte, en 1457, et débarqua à Sandwick à la tête de quatre mille combattants. Il attaqua la place par terre et par mer, il la prit, la pilla, se rembarqua sans aucune perte, quoique harcelé par deux mille Anglais qu'il repoussa toujours; il ramena à Honfleur trois gros vaisseaux qu'il avait pris, et sa flotte chargée de butin et de prisonniers. Que ne devait-on pas se promettre d'une entreprise commencée sous de tels auspices, si la mort de Charles VII n'en eût arrêté le cours, et mis en même temps un terme à la faveur dont Pierre de Brézé avait joui jusqu'alors!

PIERRE-JEAN DE BIDOUX.

Durant la guerre que Louis XII eut à soutenir contre l'Angleterre, ce monarque ne négligea rien pour resserrer de plus en plus l'étroite alliance qui l'unissait à Jacques IV, roi d'Écosse, et il lui envoya des capitaines expérimentés, des armes, de l'artillerie et des munitions. Afin d'entretenir une correspondance avec l'Écosse, et s'opposer aux incursions subite des Anglais, il fit armer en guerre tous les bâtimens qui se trouvaient dans les ports de la

Bretagne; enfin, il ordonna au célèbre Pierre-Jean , ou comme on Prononçait alors Préjean Bidoux, de conduire à Brest toutes les galères qu'il commandait, et avec lesquelles il s'était rendu si redoutable sur la Méditerranée. Prompt à obéir aux volontés de son souverain , Préjean mit sur-le-champ à la voile ; le premier de tous les marins français il conduisit une flotte de la Méditerranée dans l'Océan, et arriva heureusement à Brest. Attaqué par plusieurs vaisseaux anglais , il soutint leurs efforts avec valeur, les repoussa avec succès, et réduisit ses adversaires à une fuite précipitée.

HÉROÏQUE DÉVOUEMENT DU CAPITAINE PRIMAUGET.

Quatre-vingts navires anglais étaient venus près de Saint-Mahié en Bretagne , combattre vingt vaisseaux bretons ou normands. Au nombre de ces derniers se trouvait la *Cordelière*, navire qui, pour ce temps-là, était d'une grandeur prodigieuse , et que la reine Anne de Bretagne , femme de Louis XII, avait fait construire à ses frais. Le combat s'engage bientôt avec une ardeur égale de part et d'autre ; suppléant à l'infériorité du nombre par l'avantage du vent et par leur intrépidité, les Français tenaient depuis longtemps la victoire incertaine , lorsque le capitaine Primauget, qui commandait la *Cordelière*, est tout à coup entouré, par dix ou douze vaisseaux ennemis. La captivité ou la mort est la seule alternative que lui laisse l'impossibilité de se dégager. La mort paraît à ce brave marin préférable à la honte d'amener son pavillon. Mais il veut, en périssant, rendre du moins sa perte funeste à ses adversaires. Plein de cette résolution, il ne tarde pas à l'exécuter : il aborde la *Régente*, vaisseau amiral des Anglais , il l'attache à son navire, il l'embrase et succombe glorieusement en l'enveloppant dans sa ruine. La France moderne vient de voir renouveler de nos jours par l'héroïque Bisson, un acte d'intrépidité aussi rare dans l'histoire des nations ; il semble que l'héroïsme soit familier aux Français.

PREMIÈRE EXPÉDITION DES FRANÇAIS EN AMÉRIQUE.

Si, lors même que la route est déjà frayée, il est glorieux pour des marins de vouloir procurer à leur patrie les avantages nombreux qui résultent des navigations lointaines, combien n'est-il pas encore plus louable de tenter ce noble projet, quand quelques exemples étrangers donnent à peine l'espoir d'y atteindre ? Voilà ce qui rendra éternellement mémorable le voyage qu'en 1523 des marins français, sous les ordres du Florentin Verazzani, entreprirent pour la première fois vers les côtes de l'Amérique.

Leur intention était de faire des découvertes dans la partie septentrionale de ce nouveau monde, mais une tempête les obligea de jeter l'ancre près de l'île de Madère. Après une courte relâche, ils remettent à la voile ; et, poussés par un petit vent d'est, ils franchissent en vingt-cinq jours un espace de cinq cents lieues. Echappés au péril dont les menace une seconde tempête, ils emploient encore vingt-cinq jours à parcourir quatre cents lieues seulement. Ils découvrirent alors une terre basse, ils s'en approchent ; mais la quantité de feux qu'ils y voient luire, leur donne à craindre d'y trouver une population considérable ; et, n'osant y aborder, ils se dirigent vers le sud. Parvenus à cinquante lieues de là sans avoir trouvé un rivage où il leur soit possible de relâcher, ils rétrogradent vers le nord. Leurs tentatives n'y sont pas moins infructueuses. Désespérant d'un plus heureux succès, ils jettent l'ancre en pleine mer, et envoient une chaloupe vers la côte. L'approche et l'aspect des Français y attirent une multitude de sauvages, qui, par leurs gestes et leurs mouvements, manifestent tour-à-tour la surprise ou l'admiration, la crainte ou la joie dont ils sont animés. A mesure que la chaloupe avance, ils fuient du rivage, ils y reviennent, s'en éloignent encore, et y reportent leurs regards. Les signes que les Français leur adressent, les décident néanmoins à s'arrêter ; leur frayeur s'évanouit insensiblement, et ils finissent par apporter des vivres. Cependant nos navigateurs observent tout attentivement : sur la côte, plusieurs anses et quelques ruisseaux ; au-delà, de vastes plaines, des campagnes couvertes de forêts ; des bocages de palmiers, de cyprès, de lauriers et d'autres arbres particuliers à ces climats ; un sol qui, par sa couleur, semble promettre des mines d'or, et dont la surface nourrit un nombre prodigieux d'animaux, tels furent les objets que les Français remarquèrent d'abord. Arrivés à une pointe où la côte tournait vers l'orient, ils aperçurent une multitude de feux. Cette vue n'affaiblit point la confiance que leur avaient inspirée les habitants, et leur chaloupe poursuivit sa route vers le rivage. Comme les vagues lui en interdisaient l'accès et que les sauvages faisaient des démonstrations amicales à ceux par qui cette chaloupe était conduite, un jeune matelot, excellent nageur, se jeta dans les flots, après s'être muni de quelques présents avec lesquels il espérait se concilier la bienveillance des insulaires. Il n'était plus qu'à vingt pas du rivage, et n'avait de l'eau que jusqu'à la ceinture, quand tout-à-coup, frappé d'une terreur panique, il lança tous ses présents aux sauvages, et se remit à nager vers la chaloupe ; mais une vague le jeta si violemment sur la côte, qu'il y demeura étendu comme s'il eût perdu la vie. Accourus à son secours, les insulaires se hâtèrent de le transporter dans l'intérieur du pays. Lorsqu'il eut repris connaissance et qu'il se vit entre leurs mains, il ne put se défendre d'une vive frayeur,

et poussa soudain des cris perçants. Les sauvages, pour le
rassurer, se mirent encore à crier encore plus fort; mais
ils n'aboutirent qu'à l'épouvanter davantage. Tout con-
courut dès lors à légitimer cette terreur, et l'infortuné
matelot ne vit rien qui ne contribuât à l'augmenter : le
soin qu'on mit à le faire asseoir au pied d'une colline et
le visage tourné vers le soleil, le grand feu qu'on alluma
devant lui et près duquel il fut dépouillé de ses vêtements,
furent autant d'indices qui lui persuadèrent qu'on allait
l'offrir en sacrifice au soleil. A la vue de ces préparatifs,
la même opinion s'empara des Français restés dans la
chaloupe et sur le vaisseau. Mais elle se dissipa bientôt,
lorsqu'on s'aperçut qu'au lieu de maltraiter le jeune matelot, les insulaires ne cherchaient qu'à le réchauffer et à
sécher ses vêtements. Enfin, ils les lui restituèrent et lui
donnèrent de la nourriture. Comme le matelot se montrait
impatient de retourner à la chaloupe, ils le ramenèrent au
rivage, l'y tinrent longtemps embrassé, et s'éloignèrent
ensuite pour lui laisser une entière liberté. A peine l'eu-
rent-ils vu à la nage, qu'ils gravirent une éminence d'où
ils ne cessèrent de le regarder que quand il fut monté à
bord.

A l'arrivée du matelot, on remit à la voile, et l'on suivit
la côte qui se terminait au nord ; et cinquante lieues plus
loin on mouilla vis-à-vis d'une belle terre qu'ombra-
geaient d'immenses forêts. Vingt hommes y débarquèrent,
et pénétrèrent dans un espace de deux lieues, à travers un
pays dont les habitants fuyaient à leur aspect. Les seuls
dont ils s'emparèrent furent une vieille femme et une jeune
fille, qui se tenaient cachées dans l'herbe. La première
portait un enfant sur son dos et conduisait deux jeunes
garçons ; la seconde donnait la main à deux enfants de son
sexe. L'apparition des Français leur arracha des cris, et
la vieille fit comprendre par signes que les hommes avaient
fui. Elle reçut avec joie les vivres qu'on lui offrit, mais

la jeune fille les refusa opiniâtrement. Quelques Français, qui avaient pris les enfants pour les emmener avec eux, voulurent aussi s'emparer de la jeune fille; mais ils craignirent qu'attirés par les clameurs qu'elle faisait entendre, les sauvages n'accourussent en grand nombre et ne profitassent des bois qui les entouraient pour les attaquer à l'improviste. Ils regagnèrent donc le vaisseau avec un seul des jeunes garçons. Après trois jours passés à l'ancre, les Français continuèrent de suivre les côtes vers le nord-ouest. Lorsqu'ils eurent parcouru cent lieues ils aperçurent une contrée agréable, qui s'étendait entre des montagnes, et que traversait une rivière profonde à son embouchure. Ils y firent entrer leur chaloupe. Des sauvages, la tête ornée de plumes, s'approchèrent en poussant des cris, et en montrant par des signes les endroits où le vaisseau pouvait aborder. Les Français ne balancèrent point à s'aventurer dans la rivière; et, dans l'espace de plus d'une demi-lieue qu'ils la remontèrent, ils reçurent constamment des Indiens les témoignages de la plus cordiale amitié. L'appréhension d'une tempête les contraignit de regagner la mer.

Sans cesser de suivre la côte, ils manœuvrèrent vers l'est. A cinquante lieues de la rivière, ils découvrirent une île remarquable par son étendue, sa population et la beauté de ses vergers. Le vent, qui les en repoussait, leur fit trouver, quinze lieues plus loin, une terre avec un bon port, où ils mouillèrent au milieu de vingt canots. Ceux qui les montaient ne savaient comment exprimer leur étonnement à la vue du navire français. Des sonnettes et d'autres bagatelles qu'on leur jeta, déterminèrent quelques-uns d'entre eux à monter à bord. De ce nombre furent deux chefs, l'un âgé de vingt ans, et l'autre de quarante. Une peau de cerf, dont les Français admirèrent la forme et la préparation, les cheveux tressés autour de la tête, une chaîne assez large suspendue au cou, et des pierreries de

diverses couleurs, telle était la parure du second. Celle du
premier n'était pas moins magnifique; et les personnes
de leur suite l'emportaient autant par la figure que par
les manières sur les sauvages qu'on avait vus jusqu'alors.
La tête des femmes était ornée de belles tresses mêlées
d'une espèce de ruban. A leurs oreilles étaient passées de
petites plaques de cuivre qu'elles semblaient estimer plus
que l'or; mais les sonnettes et les bijoux de verre qu'on
leur offrit, leur causèrent tant de plaisir, qu'elles les mirent aussitôt à leurs oreilles et à leur cou. Quant aux
miroirs, elles s'y regardaient et les rendaient ensuite en
riant. Les hommes ne montraient pas moins d'empresse-
ment pour le fer et pour l'acier.

Après s'être abondamment approvisionnés, les Français
remirent à la voile. Ils firent environ cent cinquante lieues
au nord sans rien découvrir de nouveau. A cette distance,
ils virent une terre plus haute, ombragée d'épaisses forêts,
et peuplée d'habitants si farouches, que rien ne fut capa-
ble de les attirer à bord, et que vingt-cinq Français, qui
étaient descendus sur le rivage, furent accueillis par eux
à coups de flèches.

En s'avançant de là vers le nord, nos navigateurs trouvèrent la côte plus accessible; mais les bois devenaient
plus rares, et de hautes montagnes s'élevaient dans le
lointain. A cinquante lieues de cet endroit, trente-deux
petites îles, d'un aspect agréable, se montrèrent non loin
de la côte. Cent cinquante lieues plus loin, on arriva près
d'une terre qu'on crut avoir déjà été reconnue par les
Bretons. Comme les vivres commençaient à manquer, on
retourna en France, après avoir découvert plus de sept
cents lieues de côtes, et donné au pays le nom de *Nouvelle
France*.

VOYAGES DE JACQUES CARTIER.

Si les sanglants démêlés de la France avec l'empire et la guerre que le monarque français soutenait contre Charles-Quint, n'avaient pu l'empêcher de pourvoir à l'expédition de Verazzani, devra-t-on s'étonner que, cédant aux sollicitations de Philippe de Chabot, et jaloux de prendre part aux trésors que les Espagnols tiraient de l'Amérique, François Ier ait, en 1534, ordonné une seconde expédition pour cette nouvelle partie du monde, et qu'il en ait confié le soin à Jacques Cartier, capitaine malouin, dont le courage et les talents étaient universellement estimés.

Parti de Saint-Malo, le 20 avril, à la tête de deux petits bâtiments et de cent vingt-deux hommes d'équipage, Cartier mouilla, le 10 mai suivant, au cap de Bonavista, dans l'île de Terre-Neuve. Quelques jours après, il trouva au sud-sud-est un port où il relâcha et qu'il nomma Sainte-Catherine. Ensuite, il fit presque entièrement le tour de Terre-Neuve, mais ne put s'assurer que ce fût une île. Alors il cingla vers le sud, et entra dans une baie profonde qu'il nomma *Baie des Chaleurs*, à cause de l'ardeur excessive qu'y faisait déjà sentir le retour de l'été. Les vaisseaux y trouvent un havre sûr et commode; et, depuis la mi-mai jusqu'à la fin de juillet, on y pêche un grand nombre de loups marins. Une bonne partie des côtes environnant le golfe qui s'ouvre à l'ouest de Terre-Neuve furent visitées par Cartier. Ce navigateur prit possession de cette contrée au nom du roi de France; et, le 15 août, il mit à la voile pour Saint-Malo, où il arriva le 5 du mois suivant. Déterminé par la relation qu'il publia, le vice-amiral Charles de Mony lui obtint une commission plus étendue que la première, et lui fit donner trois vaisseaux bien équipés. S'étant embarqué sur la *Grande-Hermine*, Cartier mit à la voile au mois de mai 1535; il fut, durant un mois, contra-

rié par les vents et séparé de ses deux autres navires.
Ainsi séparés les uns des autres, les vaisseaux français
eurent à essuyer les plus épouvantables tempêtes. La
Grande-Hermine fut jetée au nord de Terre-Neuve, d'où
elle manœuvra vers le golfe, rendez-vous dont on était
convenu en cas de séparation. Le lendemain, Cartier fut
rejoint par ses deux autres vaisseaux. Surpris par un gros
temps, il entra dans le port de Saint-Nicolas, à l'embouchure du fleuve, vers le nord, et il planta une croix déco-
rée des armes de France. Le 10 août, il pénétra dans le
golfe, auquel il donna le nom de Saint-Laurent, dont, ce
jour-là, on célébrait la fête. Le 15, l'île d'*Anticosti*, dont
s'approcha Cartier, reçut de lui le nom d'île de *l'Assomp-
tion*, qu'elle tenait déjà des Anglais. Notre navigateur re-
monta ensuite le fleuve Saint-Laurent ; et, le 1er septembre, il reconnut l'embouchure du Saguenay. Il côtoya le
rivage dans un espace de quinze lieues, mouilla près d'une
île ombragée de coudriers ; et, huit lieues au-delà, en
trouva une autre plus grande, plus belle et couverte de
vignes, qui la firent appeler *île de Bacchus*. Il nomma
Sainte-Croix une petite rivière qu'il découvrit dix lieues
plus loin, et que l'on connaît aujourd'hui sous le nom de
Jacques Cartier.

Il y fut visité par le chef Donacona, près duquel il eut
pour interprètes deux sauvages qu'il avait emmenés en
France l'année précédente, et qui savaient un peu de
français. Par eux, il avertit le chef qu'il était dans l'intention d'aller à Hochelaga, gros bourg dans l'île, qu'on
nomme aujourd'hui Montréal et qu'on avait fort vanté à
Cartier. Monté sur la *Grande-Hermine,* et accompagné de
deux chaloupes seulement, ce navigateur se mit en route
le 19 septembre. Il fut arrêté, le 29, par le lac Saint-Pierre,
que son navire ne put passer. Il continua son voyage sur
ses chaloupes armées, qui, le 2 octobre, le firent débarquer à Hochelaga, avec MM. de Pontbriant, de la Pom-

meraie et de Goyelle. Les habitants de ce bourg, qui parlaient le huron, accueillirent fort bien les Français, leur donnèrent des fêtes, leur offrirent des présents, et en reçurent de leur part. Les armes, les trompettes, les longues barbes et le costume des Européens excitaient l'étonnement et l'admiration des sauvages.

Cartier visita la montagne qui domine Hochelaga, et lui donna le nom de Montréal, qui s'est ensuite étendu à toute l'île. Du haut de son sommet, il vit une vaste et belle contrée, dont l'aspect lui persuada qu'il ne pouvait choisir un meilleur canton pour un établissement.

Il partit d'Hochelaga le 5 octobre, et revint en France, où l'état déplorable auquel le froid et le scorbut avaient réduit ses équipages, ne permit qu'à très peu de personnes d'ajouter foi aux éloges donnés par lui aux contrées qu'il venait de visiter. Parmi les moins incrédules se distingua un gentilhomme picard, nommé Roberval, qui demanda et obtint pour lui-même la permission de continuer les découvertes.

Chargé d'armer cinq vaisseaux pour cette expédition, Cartier consentit à n'y avoir que la qualité de pilote; et, comme l'artillerie et les munitions nécessaires ne pouvaient se rassembler à Saint-Malo aussi promptement qu'il l'aurait fallu, Roberval, qui devait commander la flotte sous le titre de vice-roi et de lieutenant-général, résolut d'attendre les pièces de canon qu'il faisait venir de Normandie et de Champagne, et d'équiper deux autres vaisseaux pour lui-même. Cartier, se trouvant par ce retard obligé de partir d'avance avec les siens, fut revêtu de la dignité de capitaine-général, et mit à la voile le 23 mai 1540. En butte pendant trois mois aux vents contraires, il arriva enfin à *Sainte-Croix*. Les sauvages n'eurent pas plutôt aperçu le pavillon français, qu'ils le reconnurent et se rendirent à bord dans plusieurs canots, sur l'un desquels était Agona, successeur de Donacona qui était mort en

France, où Cartier l'avait conduit. Ce nouveau chef, ayant demandé et appris le sort de son prédécesseur, prit un bonnet de peau qui lui tenait lieu de couronne, et le plaça sur la tête du capitaine français, aux bras duquel il mit ses bracelets et autres ornements. Il engagea ensuite ses sujets à se réjouir, et les y excita par son exemple. Cartier lui rendit son bonnet, distribua quelques présents à ses femmes, et alla visiter, à quatre lieues de là, une petite rivière et un port, qu'il trouva très commode pour ses vaisseaux. Cette rivière arrosait un beau pays, ombragé de grands arbres de différentes espèces. Ce ne fut pas sans un vif plaisir que les Français y virent, au sud, quantité de vignes chargées de raisins, moins doux que ceux de France, mais aussi noirs que des mûres. Les graines de divers légumes que Cartier y fit semer, poussèrent dans l'espace de huit jours.

Sur le bord oriental de la rivière s'élève une colline très escarpée ; les Français y pratiquèrent des degrés pour y monter, et y construisirent un fort où ils transportèrent leurs vivres. Ils y découvrirent une source d'eau vive, qui leur rendit ce poste très commode. Ils trouvèrent non loin de là une espèce de cailloux qui renfermaient une matière semblable à du cristal ; ils la prirent d'abord pour des diamants. Mais ils découvrirent bientôt un plus juste sujet de joie : en remuant le sable de la rivière, ils y découvrirent des feuilles d'or.

Cependant, les vivres qui commençaient à manquer, les sauvages qui donnaient des inquiétudes, et Roberval, qui n'arrivait point, décidèrent Cartier à retourner en France avec tous ceux qui l'avaient accompagné.

Parti quelque temps après pour le Canada, Roberval y fit, dans la suite, plusieurs voyages avec son frère ; mais dans le dernier, il périt ainsi que tous ceux qui l'accompagnaient.

VOYAGES ET MALHEURS DE FRANÇOIS PYRARD.

Equipés par une compagnie formée à Saint-Malo, à Laval et à Vitré, pour chercher le chemin des Indes-Orientales et en aller disputer le commerce aux Portugais et aux Espagnols, les deux vaisseaux, le *Croissant* et le *Corbin*, partirent de Saint-malo, le 18 mai 1601, furent retardés par des courants qui les entraînèrent depuis les îles Canaries jusqu'à la vue des côtes de Guinée, et n'arivèrent sous la ligne que le 24 du mois d'août.

Pyrard, qui montait le *Corbin*, et qui nous à laissé la relation de ce voyage, peint avec vérité les inconvénients sans nombre qu'on eut à essuyer dans ces parages : l'étouffante chaleur de l'atmosphère produisant la corruption des vivres et de l'eau, liquéfiant le beurre et les chandelles, aussi bien que le goudron et la poix dont les navires étaient revêtus, et rendant l'intérieur de ces bâtiments aussi peu tenable qu'un four; tantôt la marche du vaisseau est enchaînée par un calme désespérant, tantôt elle est tourmentée par d'horribles tempêtes qu'accompagnent les tonnerres affreux, des coups de vent épouvantables, de furieux tourbillons, et auxquelles succèdent des calmes nouveaux, suivis de nouvelles tempêtes. Malheur alors, malheur à l'imprudent qui, mouillé par les pluies que ces orages répandent en abondance, néglige de quitter les vêtements qui en ont été impreignés ! les vers s'y engendrent bientôt, et son corps se couvre de plaies. Au milieu de ces continuelles vicissitudes de temps, le navire ébranlé chancelle, s'entr'ouvre et finit presque toujours par un irréparable naufrage.

Nos deux vaisseaux séjournèrent six semaines à l'île d'Annobon, et firent ensuite voile pour l'île de Sainte-Hélène, où ils arrivèrent le 17 novembre. Cette île qui, sous le 16ᵉ degré de latitude sud, est à près de cinq cents lieues du cap de Bonne-Espérance, réussit bientôt, par la pureté de son air, la limpidité de ses eaux, la bonté de ses productions, à rétablir la santé des équipages, dont la presque totalité était attaquée du scorbut.

Après avoir doublé le cap de Bonne-Espérance et celui des Aiguilles, le premier capitaine voulait prendre sa route par le dehors de l'île de Madagascar; mais l'ignorance de son pilote lui fit longer d'abord la côte de Natal. Pour réparer cette erreur, en retournant sur ses pas, il essuya pendant quatre jours la plus terrible tempête. Quand elle cessa, les deux vaisseaux se trouvèrent séparés, et le *Corbin*, auquel la vue d'un grand mât flottant près de lui avait persuadé que le *Croissant* était submergé, manœuvra vers Madagascar, où il arriva le 19 février 1602; il jeta l'ancre dans la baie de Saint-Augustin, et débarqua son équipage harassé de fatigues et accablé de souffrances.

Vers midi parut le *Croissant*, qui avait encore plus souffert. Les malades de l'un et de l'autre vaisseau s'établirent au pied d'une haute montagne, sur le bord de la rivière qui tombe dans la baie, dans un emplacement fermé par une palissade de gros pieux, abrité par des voiles, et défendu par quelques pièces de canon, avec une garde d'hommes bien portants.

Le radoub des navires n'empêcha point de commercer avec les insulaires, qui, après quelque hésitation, fournirent des provisions de toute espèce, en échange de petits ciseaux et d'autres bagatelles dont ils paraissaient faire grand cas. Pour une cuillère de cuivre ou d'étain, on leur achetait une vache ou un taureau. Un grand bois, peuplé d'une prodigieuse quantité de singes et de toute sorte d'oiseaux, servait de promenade, pendant le jour, à ceux des malades qui avaient la force de se promener. Malgré ce secours, ils avaient à supporter une chaleur si ardente, qu'à travers les souliers et les bas elle brûlait les pieds et y causait souvent de dangereux ulcères. A cette incommodité se joignait celle d'une multitude d'insectes volants, dont on avait nuit et jour à redouter les piqûres. Enfin, l'excessive abondance qui avait tout d'un coup succédé à l'extrême disette qu'on avait soufferte sur mer, précipita les matelots dans de si grands excès, qu'il en périt quarante-un, ou d'intempérance, ou du scorbut.

De Madagascar, nos deux vaisseaux se rendirent aux îles de Comorre, mouillèrent dans la baie de l'île de Massailli, et trouvèrent des rafraîchissements plus sains pour leurs malades, qui, en quinze jours, recouvrèrent la santé.

On manœuvra alors au nord-est. Le 2 juillet, de grands bancs, qui entouraient de petites îles, furent reconnus de fort loin. Le premier capitaine et son pilote, les prenant pour celles de *Diego del Reys*, tandis que c'étaient les Maldives, furent sourds à toute remontrance, négligèrent toute précaution, et refusèrent d'attendre les barques envoyées pour les guider. Ils continuèrent leur route entre la côte de l'Inde et la tête des îles. Pour comble de malheur, la nuit, qui survint, plongea tout le monde dans un profond sommeil ; maître, contre-maître, pilote, matelots, passagers, nul n'en était exempt, lorsque le *Corbin* heurta deux fois avec force contre un banc. Au bruit causé par ce double choc, tout le monde s'éveille, et le navire, touchant une troisième fois, se renverse sur le flanc. L'horreur d'échouer au milieu des flots, dans les ténèbres, sur un rocher où la mort n'est pas moins affreuse qu'inévitable, fait retentir de tous côtés des gémissements douloureux et de déchirantes clameurs. Cependant, les plus hardis coupent les mâts, de crainte que le vaisseau ne se renverse davantage ; et, par un coup de canon, l'on avertit de ce malheur l'équipage du *Croissant*. A chaque instant on s'attendait à sombrer. Le jour, en se levant, montra aux naufragés quelques îles à une distance de cinq ou six lieues et le *Croissant*, qui voguait à la vue des écueils, mais qui ne pouvait apporter le plus léger secours aux malheureux qu'il voyait périr.

Toutefois, la résistance que le navire, quoique renversé, continuait d'opposer aux flots, semblait devoir se prolonger, et inspira à Pyrard ainsi qu'à ses compagnons l'espérance de sauver leur vie. Ils passent une partie du jour à construire, au moyen de planches clouées sur un grand nombre de pièces de bois, un radeau susceptible de contenir tout l'équipage avec une partie des bagages et des marchandises; mais le radeau est à peine achevé, qu'il est impossible de lui faire franchir les bancs pour le mettre à flot. Près de s'abandonner au désespoir, les naufragés voient venir des îles une barque qui semble vouloir reconnaître le vaisseau; malheureusement, elle en reste éloignée d'une demi-lieue. Un matelot, se jetant alors dans les flots, s'avance à sa rencontre, et nageant, il implore par des cris et des signes le secours de ceux qui la conduisent; mais la rigoureuse défense faite à tous les habitants des Maldives d'approcher des navires échoués, à moins d'en avoir reçu l'ordre exprès du roi, laissa sans succès le dévouement de cet homme, qui ne parvint à regagner le vaisseau qu'avec bien des peines et des dangers. Pendant ce temps, le reste des matelots, qui s'étaient complètement enivrés, se querellaient, pillaient les coffres de ceux qui se préparaient chrétiennement à la mort, et abjuraient outrageusement l'autorité du capitaine.

L'absence de tout autre moyen de salut fit songer au galion. Comme les mâts, qui étaient coupés, ne permettaient point d'attacher une poulie pour l'enlever de dessous le second pont, où il était resté depuis les îles de Comorre, on ne parvint à le déplacer qu'avec des peines incroyables, dont la seule appréhension avait jusqu'alors empêché d'employer cette ressource. Avant qu'on eût achevé de le mettre en état de servir, la nuit fut de retour; on la passa sur le bord du navire, quoiqu'il fût rempli d'eau et sans cesse exposé aux vagues. Dès le point du jour, on essaya, et l'on vint à bout de mettre le galion à flot au-delà des bancs; et, s'étant muni de différentes armes, tout le monde s'embarqua. Au milieu des craintes continuelles que donnait le galion excessivement chargé et faisant eau de toutes parts, on aborda enfin à l'île de Puladou. Les habitants, qui ne permirent aux naufragés d'y descendre qu'en déposant leurs armes, s'en emparèrent dès qu'ils les eurent quittées, mirent à sec le galion, en enlevèrent tous les agrès, l'envoyèrent ailleurs, et éloignèrent leurs propres barques : ce fut ainsi que, par leur trop grande précipitation, quarante Français subirent la loi de vingt-cinq insulaires, qu'ils auraient aisément soumis, s'ils ne les avaient cru plus nombreux.

Conduits au milieu de l'île, ils entrèrent dans une loge, où quelques rafraîchissements leur furent offerts. Le propriétaire de cette île, nommé Ibrahim, les questionna en portugais; et, sous prétexte que tout ce qu'ils avaient devait appartenir au roi des Maldives, il les en fit dépouiller par ses gens. Il n'y eut de respecté qu'une pièce d'étoffe écarlate; le capitaine, ayant dit qu'il la destinait au roi, ne put en faire accepter deux ou trois aunes à Ibrahim; ce seigneur les lui rendit, en le conjurant de ne pas même dire qu'il y eût touché. Le maître du *Corbin*, avec deux matelots, fut conduit à quarante lieues de Puladou, dans l'île de Malé, où résidait le roi des Maldives. Ce prince, ayant reçu de lui la pièce d'écarlate, lui fit un excellent accueil, et le logea même dans son palais. Le beau-frère de ce souverain alla ensuite recueillir les débris du vaisseau naufragé, et en enleva tout jusqu'aux canons. A son retour, il amena à Malé le capitaine français et quelques-uns de ses compagnons, que le roi traita avec bonté.

Quant à Pyrard, on l'avait conduit dans l'île de Pandoué, non loin de celle de Puladou, mais il y manqua des choses les plus nécessaires. Comme le reste de ses compa-

2.

gnons, il avait mis dans une ceinture de toile et avait
enfoui à Puladou tout ce qu'il avait d'argent, mais il fut
obligé de quitter cette île avec tant de précipitation, qu'il
ne put en emporter son trésor. Bientôt les insulaires s'a-
perçurent que les Français avaient de l'argent; dès lors,
ils cessèrent de leur donner gratuitement de quoi pourvoir
à leur subsistance, et Pyrard, victime de cette découverte,
fut réduit, pour vivre, à chercher sur le sable des limaçons
de mer, ou quelques poissons morts que les flots y avaient
jetés. Ceux des naufragés qui, plus heureux que lui,
avaient eu le temps de se munir de leur argent, se trouvèrent bientôt dans le même embarras, par la friponnerie
des indigènes qui, ne leur donnant jamais de retour, leur
prenaient un piastre pour chacun de leurs achats.

A force d'attention, Pyrard parvint à retenir quelques
mots de la langue du pays et à se faire comprendre. Il
gagna ainsi l'amitié du seigneur de Pandoué, qui avait
épousé une parente du roi. Ce seigneur lui fournit des
vivres et d'autres secours.

Trois mois après le naufrage, un des officiers de la cour
vint, au nom du roi, retirer du vaisseau tout ce qui y était
resté, et rechercher avec exactitude tout l'argent que les
insulaires avaient extorqué aux prisonniers. Cette dernière commission ne fut pas aussi aisée à remplir que la
première. Pour en venir à bout, on arrêta tous les habitants de Puladou, sans distinction de sexe; on les contraignit de parler en leur serrant les pouces avec des
bâtons fendus, et l'on fit restituer, tant par eux que par
quelques habitants des îles voisines, une partie de ce
qu'ils s'étaient frauduleusement approprié.

Présenté à l'envoyé du roi, Pyrard lui plut, fut mené
par lui à Malé et introduit à la cour. Le compliment qu'il
adressa au monarque, dans la langue des Maldives, lui
concilia la bienveillance de ce prince, qui lui permit de

se présenter tous les jours au palais, le logea commodément, et lui accorda un traitement avantageux.

Des quarante naufragés, il n'en restait plus que neuf; Pyrard profita de sa faveur pour les réunir tous à Malé. Bientôt quatre d'entre eux se saisirent d'une barque de pêcheur et s'évadèrent pendant la nuit. Cet évènement priva tous les autres des vivres qu'ils recevaient de la cour, et causa momentanément la disgrâce de Pyrard. Mais ce malheur fut de courte durée; notre habile marin recouvra insensiblement tout son crédit, fut comblé des bienfaits du souverain, et, par le commerce qu'il faisait avec les navires étrangers, acquit une fortune considérable. Les marchands avaient une si haute opinion de son intégrité, qu'en leur obsence, ils lui laissaient le soin de vendre une partie de leur cargaison.

Cet état prospère durait depuis cinq ans et n'avait pu faire oublier à Pyrard ni sa patrie ni sa liberté, lorsque les Maldives furent attaquées par des pirates du Bengale. Leur chef, instruit que le roi s'était retiré dans les îles du sud, envoya huit galères à sa poursuite, et, avec le reste de sa flotte, il descendit à Malé. Pyrard ne balança point de s'offrir à ses soldats, qui, le croyant Portugais, le traitèrent d'abord assez mal. Informés de leur erreur, ils s'adoucirent, et le conduisirent à leur général, qui le prit sous sa protection, lui fit passer sur ses galères le reste du jour et toute la nuit, et lui permit de se promener dans l'île.

De tout ce qui se trouvait à Malé, rien ne charma plus les pirates que l'artillerie qui avait appartenu au *Corbin*, et ils apprirent de Pyrard la manière de la monter.

Enrichis par un immense butin, les pirates mirent à la voile en emmenant Pyrard et ses compagnons. Une navigation d'un mois les conduisit au port de Chartigan dans le Bengale. Présenté au gouverneur de la province, Pyrard, malgré tous les efforts de cet officier pour le rete-

nir, s'embarqua sur un navire de Calicut, et, au bout de
trois semaines, il arriva au port de Moutingué, retraite
des pirates malabres, où il espérait trouver un vaisseau
hollandais qui le ramenât en France. Il fut parfaitement
reçu par un seigneur mahométan et par le souverain du
pays, qui, après bien des questions sur les Français, les
Hollandais et les Anglais, chercha à le retenir par la pers-
pective du sort le plus heureux. Ce fut en vain; Pyrard
se rendit à Badara, où, durant quinze jours, il demeura
chez un autre seigneur musulman, qu'il quitta pour aller
à Calicut. Fort bien accueilli par le Samorin, il passa
huit mois à sa cour, et fit, sur les usages et les productions du pays, un grand nombre d'observations. Toujours
suivi par deux de ses compagnons d'infortune, il partit de
là pour Cochin.

A leur arrivée dans cette ville, nos trois Français,
jetés dans un cachot par l'ordre du gouverneur, y restè-
rent trois semaines, et n'en sortirent que par la protection des jésuites. Pyrard n'était rendu à la liberté que
depuis deux mois, lorsqu'il demanda à être embarqué sur
une flotte portugaise, qui, destinée pour Goa, était venue
se rafraîchir à Cochin. Conduit les fers aux pieds sur
cette flotte, le malheureux Français fut placé dans la
galiote d'un capitaine qui, le croyant Hollandais, le traita
si inhumainement que, lorsque arrivé à Goa on voulut
le délivrer de ses fers, il fut dans l'impossibilité de marcher, et n'eut d'autre parti à prendre que de se faire
porter à l'hôpital. Guéri au bout de vingt jours, Pyrard
s'attendait à être mis en liberté, et ses compagnons par-
tageaient son espérance, quand, un jour, venant de dé-
jeuner chez le directeur du comptoir, ils furent arrêtés,
liés et jetés en prison. Ils y demeurèrent un mois. A cette
époque, un jésuite, qui venait voir les prisonniers, les
reconnut pour Français, et un autre jésuite, leur compa-
triote, obtint leur liberté. Mais ils n'en purent faire usage

que pour servir comme soldats dans l'armée por'ugaise, que Pyrard suivit en cette qualité sur la côte de Goa, à Ceylan, à Malaca, à Sumatra, à Java et dans plusieurs autres îles de la Sonde.

'Tant de courses et de fatigues n'obtinrent pour toute récompense qu'une nouvelle prison. Ce fut encore par des, jésuites que nos malheureux Français en furent tirés au bout de six semaines, et s'embarquèrent, le 30 janvier 1610, sur des caraques portugaises. Forcés de s'arrêter au Brésil pour donner à leurs vaisseaux le temps de se radouber, ils montèrent, à San-Salvador, sur un vaisscau flamand ; et, au mois de janvier de l'année suivante, ils débarquèrent aux îles de Bayonne. Pyrard en partit pour aller à Saint-Jacques de Compostelle s'acquitter d'un vœu qu'il avait fait dans les prisons de Goa, et fut de retour à Laval, sa patrie, le 16 février 1611.

EXPLOITS D'ARMAND DE MAILLÉ, DUC DE BRÉZÉ.

Elevé dès 1639 au rang de chef d'escadre, le duc de Brézé parut dans la Méditerranée, en 1643, à la tête d'une armée navale. Il alla chercher les Espagnols, il les attaqua le 9 août jusque sur leurs côtes, il les vainquit ; et, près de Barcelone, leur enleva six vaisseaux. Il rencontra, le 3 septembre, une escadre espagnole supérieure à la sienne ; il lui livra bataille, la défit, prit à l'abordage le vice-amiral, un galion, l'amiral de Naples ; brûla l'un des plus formidables navires de Dunkerque, captura quelques autres vaisseaux, tua quinze cents hommes, et força le reste de la flotte à profiter de la nuit pour se réfugier à Carthagène, où cinq navires dunkerquois fort avariés coulèrent à fond.

Peu content de ces premiers succès Brézé bloqua par

mer Tarragone, que le comte du Plessis-Praslin assiégeait par terre, et nul vaisseau espagnol n'eut la hardiesse de se montrer à lui. Lorsque, cédant aux prières des Catalans, Praslin, sur le point de prendre cette place, en leva le siége pour aller combattre les Espagnols, l'amiral français ramena son escadre dans nos ports sans avoir essuyé la moindre attaque.

L'année suivante le vit, à la tête de trente-cinq vaisseaux, porter la terreur et le ravage sur toutes les côtes de l'Italie. Assiégée par terre et par mer, Orbitello allait se rendre aux Français ; les Espagnols accoururent pour la défendre ; et le duc de Brézé, quoique avec des forces bien moins considérables que les leurs, ne balança pas à les attaquer. Un combat acharné, qui durait depuis plus de trois heures, allait finir par leur entière défaite, quand un malheur imprévu les sauva ; l'amiral français, qui les poursuivait avec un courage héroïque, eut la tête emportée d'un coup de canon, le 14 juin 1646, à l'âge de vingt-sept ans. La France, déjà trop à plaindre d'avoir perdu ce grand capitaine, se vit encore arracher par sa mort tout le fruit de cette glorieuse et lamentable journée ; son vice-amiral n'osa point tenir la mer, et ramena notre flotte en Provence.

PREMIERS EXPLOITS DE DUQUESNE.

Tant et de si illustres souvenirs se rattachent au grand nom de Duquesne, qu'une soigneuse attention donnée à ses premiers exploits ne saurait paraître trop minutieuse. Né d'un père calviniste et professant la même religion, il fit ses premières armes, en 1628, au siége de La Rochelle, où il commandait un vaisseau. Après la soumission de cette place, il entra dans la marine royale, et servit en

1635 sous les ordres du comte d'Harcourt et de M. de Sourdis, archevêque de Bordeaux, chargés de protéger les côtes de la Provence contre les Espagnols, qui venaient de conquérir les îles de Sainte-Marguerite et de Saint-Honorat. Les leçons de ces deux amiraux mûrirent le talent de Duquesne. A ce premier élément de succès, s'en joignit un autre, qui lui est trop honorable pour que nous le passions sous silence. Son père, qui revenait de Suède à la tête d'un convoi, fut attaqué par une flotte espagnole et perdit la vie dans le combat; Duquesne jura dès lors une haine éternelle à cette nation. Ce fut à la bataille de Gattari qu'il lui en donna les premières preuves. La flotte française allait être mise en déroute par celle des Espagnols, quand notre valeureux marin s'avance contre le vaisseau amiral de celle-ci, et, le forçant à prendre la fuite après en avoir tué le commandant, enchaîne à notre pavillon la victoire jusqu'alors incertaine. En 1641, Duquesne se signala encore au siège de Tarragone, où sa valeur assura le triomphe de la marine française, moins nombreuse que celle des ennemis. Il rendit aussi d'importants services devant Barcelone, en 1642, ainsi qu'à la bataille livrée au cap de Gattes, en 1634, entre nos forces navales et celles de l'Espagne.

Pendant la minorité de Louis XIV, Duquesne se mit au service de la Suède, dont le trône était alors occupé par la reine Christine. Cette princesse était en guerre avec les Danois, et devait d'autant moins s'attendre à des succès, que sa marine était fort inférieure à celle de ses adversaires; ceux-ci assiégeaient la ville de Cronembourg. Mais cette reine ne se décourage point; elle a recours à ses alliés : les uns lui fournissent des officiers et des matelots, les autres des navires ; elle en forme une flotte, elle y donne à Duquesne le poste de major-général, ensuite celui de vice-amiral; enfin, elle lui en fait commander une partie. Cette flotte se dirige contre les

Danois, et, guid e par le génie de notre marin, excitée
par sa valeur, elle oblige les ennemis à lever le siége de
Cronembourg. Duquesne ne s'en tient pas là, et il venge
l'insulte faite à cette place, en ravageant les côtes du Da-
nemarck. Le roi Christiern IV rassemble des vaisserux et
va livrer bataille à la flotte suédoise. On combat avec
acharnement, et la nuit sépare les deux armées, sans
qu'aucune des deux puisse se vanter d'avoir vaincu. Le
jour suivant, on en vient aux mains de nouveau; Duquesne
attaque le vaisseau de l'amiral ennemi, s'en rend maître,
après la mort de cet officier, et brûle ou met en déroute
tout le reste de la flotte danoise.

Rappelé en France, en 1647, cet habile marin fut chargé, en 1550, d'aller soumettre Bordeaux, qui, révolté
contre son roi, était soutenu par les Espagnols. Notre
marine était alors dans l'état le plus déplorable. Jaloux
de lui rendre son ancienne splendeur, Duquesne y consacra une partie de sa fortune; il arma, à ses frais, plusieurs vaisseaux, les réunit à ceux que l'Etat put lui fournir, et, à leur tête, fit voile vers la ville rebelle. Chemin
faisant, il rencontre une escadre anglaise, dont le commandant lui intime l'ordre de baisser son pavillon. « Que
le canon en décide! » s'écria Duquesne ; et, sur-le-champ,
livrant bataille aux Anglais, il punit, par une prompte
et désastreuse défaite, l'insolence de leurs prétentions.
Toutefois, notre généreux marin était invincible, mais
non pas invulnérable : il avait été blessé dans ce combat,
et ses vaisseaux y avaient beaucoup souffert. Il va donc à
Brest, les fait réparer et en repart avant d'être complètement guéri; il arrive, en même temps que les Espagnols, à l'embouchure de la Gironde ; il y pénètre avant
eux, et, malgré leur opposition, il leur en ferme l'entrée;
et, en leur présence, oblige Bordeaux à capituler.

Un si important service ne demeura pas sans récompense ; Anne d'Autriche en témoigna sa reconnaissance à

Duquesne, en l'élevant à la dignité de chef d'escadre et en lui donnant le château et l'île d'Indre, compris jusqu'alors dans les domaines qu'elle possédait en Bretagne; en même temps, elle ordonna que les sommes dépensées par lui pour cette expédition lui fussent remboursées.

HAUTS FAITS DU COMTE DE BLÉNAC, GOUVERNEUR DE LA MARTINIQUE.

Avec un seul des vaisseaux qu'il commandait, le comte de Blénac attaqua, dans les eaux de la Martinique, quatre navires anglais. Vainement leurs équipages déjà complets sont-ils renforcés par sept cents soldats et un grand nombre d'ingénieurs ; vainement sont-ils défendus, chacun, par des batteries de quarante-quatre, cinquante deux ou soixante-six canons ; vainement la moitié des marins, qui composent l'équipage français, sont-ils ou morts ou malades; seul contre tant d'adversaires, Blénac les force à plier. Un cinquième vaisseau ennemi vient secourir les quatre autres, et éprouve le même sort. Alors Blénac est rejoint par le reste de son escadre qui, à son tour, vient, à une portée de pistolet, foudroyer la flotte anglaise. C'en était plus que celle-ci n'en pouvait supporter : elle s'allège, en coupant les câbles des chaloupes, en jetant à la mer tout ce qui est susceptible de la surcharger, et vient à bout, à force de voiles, de se dérober à son vainqueur. Inutilement l'amiral français essaie-t-il de l'atteindre ; il est contraint d'y renoncer et de retourner au Fort-Royal, après avoir capturé aux vaincus trois vaisseaux chargés de vêtements, de neuf cents fusils, d'autant de baïonnettes et d'une grande quantité d'autres munitions.

MALHEUR, GÉNÉROSITÉ ET DÉLIVRANCE DU CHEVALIER QUIQUERAN DE BEAUJEU.

Illustre par les nombreux avantages qu'il avait déjà remportés sur les Turcs, le chevalier de Beaujeu fut réduit, par une tempête, à se réfugier dans un des ports de l'Archipel, où le capitan-pacha Mozamet ne tarda point à l'investir. Après une vigoureuse défense, qui lui fit perdre les trois quarts de son équipage et épuiser toutes ses munitions, l'intrépide chevalier contraint de se rendre, fut porté sur la galère du pacha. Mais à peine celui-ci a-t-il mis à la voile, qu'un violent orage l'expose au plus imminent péril, et l'oblige de recourir aux talents de son prisonnier. Beaujeu avait trop de générosité pour lui refuser son assistance ; il prit en main le commandement des galères, et, par l'habileté de ses manœuvres, il réussit à les préserver d'une destruction totale. Reconnaissant d'un si grand service, Mozamet voulut, à son tour, lui sauver les horreurs d'une captivité dont il prévoyait la longueur, et il le fit cacher parmi les autres prisonniers. Mais le portrait qu'on avait fait de lui au grand-visir était trop fidèle, et ce ministre, l'ayant reconnu sous le déguisement qu'il avait pris, l'envoya au château des Sept-Tours. Ce fut infructueusement qu'on prodigua les sollicitations et qu'on invoqua le crédit du roi de France, pour que la Porte agréât la rançon de l'infortuné Beaujeu ; sa captivité eût été éternelle, sans le dévouement de l'un de ses neveux, qui se trouvait alors à la suite de M. de Nointel, notre ambassadeur à Constantinople. Touché du sort de son oncle, ce jeune homme, qui avait la permission de le voir, lui porta, à diverses reprises, une grande quantité de cordes dont il s'entourait le corps pour les soustraire à la vue des gardes. Au jour et au signal convenus, Beaujeu, à l'aide

dé ces cordes, s'évade de la prison, mais s'aperçoit bientôt
ju'elles sont trop courtes de quelques toises. L'amour de
a liberté l'emporte dans son cœur sur l'appréhension du
péril, et il s'élance dans la mer qui vient battre les murs
du château. Son neveu, l'ayant reçu sur un brigantin,
le conduisit à bord d'un vaisseau commandé par le comte
d'Apremont. Ainsi délivré, après une captivité de onze
ans, le chevalier de Beaujeu revint en France et se fixa à
Bordeaux.

LE DUC DE BEAUFORT, VAINQUEUR DES PIRATES.

La faveur dont Colbert se proposait d'investir le commerce de la France avait déjà fait conclure avec les Hollandais une alliance protectrice du commerce des deux
nations. Dans les mêmes vues, on résolut de purger la
Méditerranée des corsaires barbaresques qui l'infestaient.
Cette expédition fut confiée au duc de Beaufort, qui deux
fois battit leur flotte, la resserra dans leurs ports, et s'empara même de Gigéri, du royaume d'Alger. On se proposait d'y former un établissement ; mais le défaut de vivres
et de munitions fit avorter ce dessein

CAYENNE RECOUVRÉE.

Onze vaisseaux de guerre hollandais, sous les ordres
de l'amiral Binkes. allèrent, en 1676 attaquer la colonie
française de Cayenne. Forcé de faire un voyage dans sa
patrie, M. de Labarre, gouverneur de cette île, y avait

laissé son frère, le chevalier de Lézi. La jeunesse et l'inexpérience de cet officier ne lui permirent point une bien
longue résistance, et Binkes victorieux ne tarda point à
nous enlever cette colonie.

A la nouvelle de çette perte, Louis XIV fait équiper six
vaisseaux de guerre et trois frégates ; il charge le duc
Jean d'Estrées d'aller avec cette escadre venger l'honneur
de notre pavillon et chasser les Hollandais de leur conquête. D'Estrées arrive devant Cayenne le 17 décembre,
le 18, il attaque le fort, où Binkes avait mis garnison ;
dans la nuit du 19 au 20, il y donne l'assaut ; Lézi, qui
brûle d'effacer la tache imprimée à sa réputation par sa
défaite, reçoit de notre amiral l'exemple de la valeur et
le donne à tous ses compagnons ; le fort est pris, la colonie recouvrée, et la gloire du nom français rendue à
toute sa splendeur.

CONQUÊTE DE TABAGO.

Deux mois ne s'étaient pas encore écoulés depuis que
Jean d'Estrées avait rendu Cayenne à la France, lorsque,
le 15 février 1677, il parut avec son escadre à la vue de
Tabago, où Binkes était allé chercher un asile. L'intention
de notre amiral était de l'en chasser, mais cette entreprise n'était point aisée : les fortifications de la place,
bien qu'elles fussent de terre, étaient cependant assez
bonnes pour résister longtemps, tandis que le peu de sûreté qu'offrait la rade ne permettait pas à notre escadre
d'y prolonger son séjour ; pour surcroît de difficulté, le
port, que remplissaient dix vaisseaux de guerre hollandais et quelques autres bâtiments, formait une espèce de
cul-de-sac où nos navires ne pouvaient pénétrer que un

un; le canon des forts le protégeait, et des batteries à fleur d'eau en défendaient l'entrée.

Le duc d'Estrées s'y fit précéder par MM. de Gabaret, de Montrotier et de Blénac. Le premier, s'étant approché des ennemis à la portée du pistolet, les attaqua courageusement, et fut emporté d'un coup de canon; le dernier alla mouiller hardiment entre les vaisseaux hollandais et les batteries. Cependant d'Estrées s'était déjà avancé dans le port; il y engageait le plus terrible combat qui, de mémoire de marin, ait jamais été livré. Bientôt le feu prend à un vaisseau hollandais que foudroyait notre artillerie; il se communique à deux flûtes, où l'on avait réuni toutes les femmes, tous les enfants, tous les nègres qui s'étaient trouvés dans le fort, tant on s'était cru certain que nous ne pourrions pénétrer jusque-là! En un instant les flûtes et tout ce qu'elles renferment sont enveloppés par les flammes; les cris de tant de malheureux, le bruit des canons, le fracas des vaisseaux qui sautent en l'air, se mêlent aux plaintes des mourants, aux clameurs des blessés, et redoublent l'horreur de cette formidable journée. Quoique blessé lui-même à la tête et à la jambe, quoique une partie de son monde eût été tué, d'Estrées avait réussi, après une lutte opiniâtre, à s'emparer du contre-amiral hollandais, quand le feu prit encore à ce navire, et étendit ses ravages sur celui que montait d'Estrées. Cet amiral crut se dérober à un si grand péril en sautant dans un canot que Berthier, garde de la marine, était allé lui chercher à la nage jusque sous l'éperon d'un vaisseau ennemi; mais ce canot devint aussitôt le point de mire de toute l'artillerie hollandaise, qui bientôt l'eut coulé à fond. C'en était fait de d'Estrées et des officiers qui se trouvaient avec lui, s'ils n'eussent été saisis et et portés à terre par leurs matelots. Là ils se voient tout-à-coup en présence d'un assez grand nombre d'ennemis. Notre amiral, bien qu'il fût encore tout mouillé et dépourvu d'armes, s'avance fièrement vers eux; sans leur laisser le temps de revenir de la surprise où les jette sa démarche, il leur ordonne de se rendre, et sur-le-champ il est obéi. Que ne devait point se promettre un général qui savait ainsi faire tourner à son triomphe tout ce qui aurait consommé la ruine d'un autre officier! Sans doute il s'attendait à vaincre, et il y fût parvenu, si le major Héroüard, qui avait ordre de n'attaquer le fort qu'une heure après l'engagement de la bataille navale, n'eût, par trop d'ardeur, précipité cette opération, et fait ainsi échouer toute l'entreprise. Après avoir combattu long-temps avec un courage plus qu'humain, et avoir brûlé ou coulé à fond tous les vaisseaux hollandais, d'Estrées se rembarqua avec ses troupes, et alla à la Grenade réparer les avaries de son escadre.

Toutefois, en s'éloignant de Tabago, il n'avait pas abjuré l'espoir d'en enlever la possession à la Hollande. Revenu en France, il en repart, le 1er octobre de la même année avec une escadre de seize vaisseaux; descend, près du cap Verd, dans l'île de Gorée, il en expulse les Hollandais, y établit une garnison française. Il remet ensuite à la voile; et arrive aux Barbades le 1er décembre, où il est renforcé par quelques-uns de nos bâtiments qui s'y étaient rendus de la Martinique; sept jours après, il est en vue de Tabago, y débarque plusieurs canons, deux mortiers et toutes ses troupes; parvient à travers les bois sous les murs du fort, et envoie sommer Binkes de se rendre. Sur le refus de cet officier, il fait tirer sur la place ses mortiers et ses canons; à la troisième bombe, le feu prend au magasin à poudre; la maison de Binkes saute en partie, et ce gouverneur, qui était à table, périt avec presque tous ses convives. Cet accident répand dans la garnison un trouble et une confusion sans égale : d'Estrées en profite, monte à l'assaut et se rend maître du fort, tandis que la flotte, qui fermait la sortie du port à tous les vaisseaux ennemis, ne tarde pas à s'en emparer. Après avoir pris toutes les précautions nécessaires pour que cette île importante fût conservée à notre domination, d'Estrées se rembarqua, et, de retour à Versailles, reçut de Louis XIV le bâton de Maréchal de France, l'ordre du Saint-Esprit et le titre de vice-roi d'Amérique.

CONQUÊTE DE L'ILE D'ARGUIN.

Découverte en 1444 par Tristan, gentilhomme portugais, l'île d'Arguin fut conquise en 1638 par les Hollandais. La compagnie française du Sénégal, s'apercevant que son commerce souffrait de l'établissement que ce peuple y avait formé, résolut de s'emparer de cette île. Ducasse, à qui la compagnie donna pour cette expédition un vaisseau de cinquante-cinq canons, monté par quatre cent cinquante hommes, partit du Havre le 23 avril 1678, et débarqua sans opposition dans Arguin, le 10 juillet suivant. Contraint d'assiéger le fort, où le gouverneur hollandais se tenait obstinément renfermé, et manquant de tout ce qui lui était nécessaire pour une opération de ce genre, le capitaine français rembarqua ses troupes, et eut la sagesse de préférer le retard qui assurait le succès de son entreprise, à la précipitation qui l'aurait compromis.

Après s'être procuré au Sénégal tout ce qu'il lui faut pour un siége, Ducasse reparaît devant Arguin, et y débarque, le 22 août, aussi aisément que la première fois. Sommé de se rendre, le gouverneur, qui compte sur le secours des peuplades indigènes, répond qu'il fera son devoir. Aussitôt, Ducasse dresse, près d'un chemin couvert, deux batteries de quatorze canons ; le feu en est si vif que la contrescarpe est emportée ; la brèche est ouverte deux jours après, et une mine va dans peu faire sauter une partie du fort. Effrayés d'un succès si désastreux et si rapide, les ennemis demandent à capituler, et Ducasse, assez généreux pour ne pas leur refuser cette grâce, entre bientôt en vainqueur dans le fort et l'établissement hollandais, dont la possession fut assurée à la France par la paix de Nimègue. Pour récompenser Ducasse, la compagnie le nomma un de ses directeurs.

NOUVEL EXPLOIT DE DUCASSE.

Après la prise d'Arguin, Ducasse revenait vainqueur dans sa patrie. Pendant sa route il aperçut, joignit et attaqua une grosse flûte hollandaise: mais, au moment que, suivi par vingt de ses soldats, il s'y élançait avec eux et s'en rendait maître, les deux vaisseaux furent séparés. Persuadé que son capitaine était pris ou tué, l'équipage de Ducasse fuit à force de voiles. Dans une conjoncture aussi difficile, ce hardi marin ne se découragea point: par la fermeté de sa contenance, il imposa à ses prisonniers, bien que supérieurs en nombre à sa troupe; il sut par ses signaux rappeler son navire; et, triomphant de tous les dangers, il rentra heureusement à La Rochelle.

EXPÉDITION DE DUQUESNE ET DE TOURVILLE CONTRE LES PIRATES.

Louis XIV venait de récompenser les services de Tourville en l'élevant au grade de lieutenant-général de ses armées navales, lorsque les pirates de Tripoli infestaient les côtes de la Provence. Le monarque français fit aussitôt équiper une flotte à Toulon, il en donna le commandement à Duquesne, auquel il joignit Tourville. Ces deux illustres marins, prompts à obéir aux ordres de ce grand roi, se mirent en mer, cherchèrent, atteignirent et détruisirent tous ces forbans ; frappèrent d'une salutaire terreur quiconque eût osé les imiter, et rentrèrent à Toulon après avoir affranchi notre commerce et nos côtes des craintes et des périls qui menaçaient d'en réprimer l'essor.

PREMIER BOMBARDEMENT D'ALGER

Au mois d'octobre 1681, le Dey d'Alger, Baba-Assen, déclara au père Levacher, missionnaire et consul de France, que les Algériens renonçaient à leur alliance avec Louis XIV et qu'ils allaient armer en course contre les vaisseaux de ce souverain une escadre de douze voiles. A la nouvelle de cette insolence, le grand roi assemble son conseil, il y appelle les marins les plus distingués, et délibère avec eux sur les moyens de châtier rigoureusement tant d'orgueil et d'audace. Seul le capitaine Bernard Renau avance et soutient la possibilité d'un bombardement. Cette proposition paraît d'abord extravagante ; vainement celui qui l'a faite est-il connu par de grands talents et une vaste science, vainement allègue-t-il les raisons les plus fortes ; l'opération qu'il veut faire adopter est si extraordinaire que la plupart s'accordent à le rejeter. Duquesne partage cette improbation ; toutefois il consent à un essai, et le roi donne des ordres pour l'exécution de ce projet. Cinq galiotes à bombes sont aussitôt construites à Dunkerque et au Havre par les soins de Renau, elles

reçoivent chacune deux mortiers et quatre canons ; elles
se joignent au reste de la flotte forte de onze vaisseaux de
ligne et de quinze galères. Duquesne, accompagné de
Tourville et de Renau, prend le commandement de toutes
ces voiles et part pour Alger le 12 juillet 1682. Mais à
peine est-il en mer qu'il est assailli par une terrible tempête, qui, ayant rompu les digues de la Hollande, brise
ou fait échouer quatre-vingt-dix navires. Alors se réalisè-
rent les prévisions de Bernard Renau, la galiote à bombes
qu'il montait et qu'on n'avait pas crue susceptible de tenir
sur une mer tranquille, en affronta impunément toute la
fureur. Echappé à ce péril, et arrivé devant la place enne-
mie, ce bâtiment faillit encore périr ; le feu y prit, l'équipage l'abandonna, à l'exception de Renau et de deux matelots seulement. A l'aspect du danger que court cette
galiote, le brave capitaine Rémondis vole à son secours,
malgré son propre équipage qui se révolte et contre lequel
il met l'épée à la main. Parvenu près du bâtiment em-
brasé, Rémondis s'y précipite, y trouve Renau et ses
deux matelots couvrant de cuir cent bombes chargées et
qu'une seule étincelle peut faire éclater en un instant.
Grâce au courage de ces braves marins, la galiote est sau-
vée : les vents d'abord contraires finissent par devenir
favorables, et, le 16 du mois d'août, Duquesne commence
le bombardement. Mais la nouveauté de l'entreprise, le
peu d'habitude des bombardiers ne procurent qu'un faible
résultat. Duquesne en est découragé et veut renoncer à
ce dessein, Renau s'y oppose ; à force de sollicitations,
il obtient que l'on s'approche davantage et que l'on réi-
tère le bombardement ; l'on ne tarde point à voir ces nouvelles tentatives couronnées du plus brillant succès. Les
ennemis ont beau diriger toute leur artillerie contre notre
flotte, leur feu ne peut empêcher que la grande mosquée
ne soit détruite, qu'une multitude de maisons n'écrasent
en s'écroulant la moitié des habitants d'Alger, et que tous

les autres, frappés de consternation, n'aillent dans la campagne, chercher un refuge loin d'une ville qui est sur le point de devenir leur tombeau. Confondue par une si épouvantable punition, l'arrogance du Dey consent à plier; le père Levacher est envoyé par ce souverain à Duquesne pour implorer la paix. Notre amiral ferme l'oreille à cette prière et n'en poursuit pas moins le cours de ses ravages, jusqu'à ce que la saison l'obige de mettre un terme à son juste ressentiment.

Durant toute cette campagne, Tourville rendit d'importants services, auxquels un noble et éclatant témoignage fut rendu par Duquesne, et que Louis XIV récompensa par des marques peu ordinaires de bienveillance et de satisfaction.

INVENTION DU CAPITAINE DESCHIENS.

Peu de temps après que le bombardement d'Alger eut attesté l'importance du service que le capitaine Renau avait rendu à la marine par la construction des galiotes à bombes, le capitaine Deschiens fit une nouvelle application de ce procédé en imaginant de lancer des bombes avec des canons. Pour en faire l'expérience, il ne balança point à attaquer avec un seul vaisseau quatre navires anglais, dont le moindre était plus fort que le sien. Il fut bientôt entouré, et se mit alors à leur tirer deux cents coups de canon à bombes, qui incendièrent deux des bâtiments ennemis. A la vue d'un feu lancé de si loin, les Anglais, saisis de surprise, se hâtèrent de prendre la fuite, et laissèrent Deschiens triomphant s'applaudir de son heureuse invention.

SECOND BOMBARDEMENT D'ALGER.

La terrible leçon que les Algériens avaient reçue de Duquesne en 1682, n'avait pu arracher ces forbans à leurs habitudes de brigandage ; et aussitôt que la liberté eut été rendue à leur port et à leurs vaisseaux, ils attaquèrent avec plus d'insolence que jamais notre marine marchande. Louis XIV avait trop à cœur la gloire de son pavillon pour se montrer insensible à de pareils outrages ; et, dès le mois de mai 1685, il envoya dix vaisseaux de guerre, sept galiotes à bombes et plusieurs bâtiments de transport réprimer ces pirateries et les punir par la ruine d'Alger. Comme le plus ancien lieutenant-général, Duquesne eut le commandement en chef de cette flotte, dont une partie fut sous les ordres de Tourville.

Parvenu, le 18 mai, en vue de Barcelonne, Duquesne apprend que des corsaires algériens dévastent les côtes de la Catalogne. Les chevaliers de Tourvil et de l'Héry, qui sont aussitôt détachés contre eux, ne rencontrent qu'un seul de leurs navires, monté par cent cinquante hommes et défendu par quatorze canons ; ils l'attaquent, l'abordent et s'en emparent. Durant cette courte expédition, Tourville observa attentivement la contenance de deux de ses neveux, qui faisaient leurs premières armes sur son vaisseau, il se réjouit de les voir se présenter au feu avec intrépidité, et à l'abordage avec assurance. De là, il rejoignit avec l'Héry le reste de la flotte.

Ce fut dans la nuit du 26 au 27 juin que Duquesne commença de bombarder Alger pour la seconde fois ; un plein succès couronna son entreprise : ni le palais du Dey, ni les maisons des particuliers, ni les magasins les plus riches, ni les précieuses marchandises, rien n'échappa aux ravages de nos bombes. Les hommes n'é-

taient pas plus à l'abri de cette meurtrière tempête : **en**
tombant sur une batterie, une seule bombe démonta plusieurs canons et tua cinquante de ceux qui les servaient.
Tant de désastres firent céder dans tous les cœurs la
constance à la nécessité. Des voix lamentables et de déchirantes clameurs retentissent tout-à-coup autour du Dey :
ce sont des épouses, des mères, des filles, qui, d'une main,
agitant un poignard dont elles menacent de se percer, de
l'autre, montrent à leur souverain la jambe, le bras, ou la
tête de leurs époux ; de leurs fils, de leurs pères, victimes
de la vengeance des Français ; elles appellent à grands
cris ou la paix ou le trépas. A ces douloureuses supplica-
tions se joignent des plaintes plus redoutables : ce sont
les murmures d'une milice étrangère ; elle renonce à la
garde de la ville, elle proteste qu'elle ne demeurera plus
exposée aux projectiles mortels que fait pleuvoir partout
le ressentiment des Français. Ainsi c'est vainement qu'Alger et son Dey se sont fiés à une artillerie de quatre cents
canons, à une garnison de douze mille hommes, à deux
années d'approvisionnements et de préparatifs : tous ces
garants de succès les ont trompés ; la patience des indigènes, la fidélité des étrangers, tout les trahit à la fois. Dans
cette cruelle extrémité, Baba-Assen envoie des députés à
Duquesne : cet amiral consent à la paix qu'on lui demande;
mais voici à quelles conditions : on lui remettra sans rançon tous les esclaves chrétiens ; un certain nombre d'ôta-
ges lui seront livrés. Le Dey acquiesce à tout, et une trève
lui est accordée. Mais, excitée par Mezzo-Morto, gouverneur de la flotte algérienne, une partie de la milice se
révolte à la nouvelle de ce traité : Baba-Assen n'est plus
qu'un lâche qui déshonore son rang, avilit la nation, l'a
vendue à la France; s'il rend les prisonniers chrétiens,
que ne lui rend-on les musulmans? quel opprobre qu'une
telle concession! le sang **du traître que** s'y est soumis peut
seul en laver l'infamie.

Bientôt les actions répondent aux paroles, et Baba-Assen paie de sa tête son adhésion aux volontés de Duquesne. Mezzo-Morto, qu'on proclame Dey, rejette avec une outrageante fierté l'accord arrêté avec son prédécesseur, et le bombardement recommence. Furieux de la désolation qui se répand de nouveau autour de lui, le cruel souverain fait mettre le père Levacher dans un de ses plus gros canons, qui crève dès qu'on veut le tirer. Le barbare ne s'en tient pas là : d'après son ordre, M. de Choiseul et dix autres officiers français, faits prisonniers comme lui, sont attachés à la bouche d'une pièce d'artillerie; chacune de ces pièces est chargée ; chacune a son canonnier sur le point d'y mettre le feu. A cette vue, un corsaire algérien, pris autrefois, traité honorablement, délivré sans rançon par M. de Choiseul, s'élance vers cet officicier, l'entoure de ses bras, et s'adressant au canonnier : — Tire, s'écrie-t-il ; et, si je n'ai pu sauver mon bienfaiteur, que je meure du moins avec lui! Le farouche Mezzo-Morte voudrait en vain résister à tant d'héroïsme; en vain avait-il déjà rejeté les sollicitations du généreux corsaire ; vaincu par un si beau dévouement, il fait détacher M. de Choiseul ; et, au bout de quelque temps, il permet enfin que par un échange on le rende à la liberté.

Cependant, le bombardement continuait toujours; il ruinait la ville et la dépeuplait. Déjà Duquesne était à la veille de voir plier le tyran d'Alger, quand les bombes qui vinrent à lui manquer, et le retour de la mauvaise saison l'empêchèrent de pousser plus loin son entreprise. Il remit donc à la voile pour la France, et il y rentra amenant avec lui six cents esclaves chrétiens, que deux cent mille écus auraient à peine rachetés.

Effrayés des exploits de cet illustre marin, les habitants d'Alger à l'aspect de leur ville presqu'entièrement détruite, de leur fortune anéantie, de leurs bazards inciendiés, de leurs munitions épuisées, de leurs vaisseaux bri-

sés, de leur artillerie hors d'état de servir, ils vinrent à
des sentiments plus conformes à leur faiblesse; redoutant
de voir, l'année suivante, se renouveler toutes les horreurs dont ils venaient d'être la proie, ils s'humilièrent
sous la main puissante qui les avait châtiés; et un ambassadeur vint en leur nom donner à Louis XIV toutes les
satisfactions que ce monarque eut à leur imposer.

EXPLOITS DE FR. L. DE ROUSSELET COMTE DE CHATEAU-REGNAUD.

Déjà reconnu par d'importants services rendus en Flandre, à la bataille des Dunes, et aux siéges de Dunkerque
et de Bergue-Saint-Vinox, le comte de Château-Regnaud,
entré dans la marine et et fait enseigne de vaisseau en
1661, se signala, en 1666, sous le duc de Beaufort, à la
prise de Gigeri et dans le combat contre les Maures, où il
fut dangereusement blessé. Capitaine de vaisseau, en 1672,
il combattit et captura, avec un seul vaisseau, cinq corsaires ennemis.

En 1673, le jeune Ruyter, contre-amiral de Hollande,
conduisait, sous l'escorte de huit vaisseaux de guerre, une
flotte de cent trente voiles; Château-Regnaud, alors chef
d'escadre, fond sur lui avec deux vaisseaux, lui coule bas
huit bâtiments, et force les autres à relâcher en Angleterre. L'amiral hollandais Eversen allait, en 1668, secourir la Sicile; et, avec une flotte forte de seize vaisseaux
de ligne et de neuf brûlots, il pensait n'avoir rien à craindre de six navires que lui opposait Château-Regnaud;
vain espoir! notre brave chef d'escadre lutte un jour entier
contre lui, et l'oblige à s'en retourner en Hollande sans
avoir atteint le but de son voyage. En 1688 Château-Re-

gnand se distingue encore, et au combat livré par Tourville à Papachin et au bombardement exécuté contre Alger
par le maréchal d'Estrées. Promu, cette même année, au
grade de lieutenant-général des armées navales ; on le
vit, l'année suivante, avec une flotte de vingt-quatre navires, de deux frégates et de deux brûlots, secourir le roi
d'Angleterre. En trois jours, il arriva entre le cap Clare
et Kinsale, pénétra, molgré trois vaisseaux anglais, dans
la baie de Bantry : battit et mit en déroute une escadre
anglaise ; débarqua en Irlande le secours d'hommes et
d'argent, qu'il y apportait ; remit à la voile ; enleva sept
navires hollandais, qui se trouvèrent sur sa route et rentra
avec eux à Brest, douze jours après en être sorti

COURAGE DU CHEVALIER DE MENE.

Le marquis de Seignelay, ministre de la marine, s'était
embarqué à Brest sur une flotte nombreuse, commandée,
sous ses ordres. par Tourville et Château-Regnaud.
Comme il entrait dans ses vues de combattre et qu'il dé-
sirait assister à une bataille navale, il détacha le chevalier de Mené, qui commandait un vaisseau fort de trois
cent cinquante hommes et de cinquante-huit canons, et il
lui enjoignit d'aller reconnaître l'armée anglo-hollandaise, qui était à la hauteur des Sorlingues

Le chevalier de Mené partit aussitôt pour s'acquitter
de cette commission, et ne tarda pas à voir venir de son
côté un navire ennemi qui allait à la découverte de la
flotte française. Le chevalier cingle vers lui, l'approche à
portée du pistolet, lui lâche sa bordée, le démâte, le dés-
empare, fait succéder la mousqueterie au canon, blesse à

mort le capitaine anglais, lui tue soixante hommes, lui en met cent hors de combat, et se rend maître de son vaisseau. Alors seulement notre intrépide marin songe qu'un coup de canon lui a emporté un bras, c'est seulement alors qu'il consent à être pansé. Mais ce secours vient trop tard ; et, le lendemain, de son triomphe, l'héroïque vainqueur a cessé d'exister.

M. de Combes, capitaine en second, s'apercevant que, poursuivi par dix navires ennemis, il ne pouvait conserver sa prise sans tomber en leur pouvoir, fit passer sur son bord l'équipage du bâtiment capturé ; y mit le feu, et alla rejoindre le marquis de Seignelay. Ce ministre, malgré tout son désir de combattre, fut obligé de rentrer dans nos ports sans en être venu aux moins avec les Anglais et les Hollandais.

ENTREPRISE DU HARDIE CAPITAINE LALANDE.

Instruit que les flibustiers anglais de la côte de Florillon se sont emparés du château de Plaisance, Lalande, qui n'a sous ses ordres qu'un vaisseau de trente-six pièces d'artillerie, se rend sur la côte de Florillon ; il force l'entrée du port, que lui dispute en vain un navire de trente canons ; il se poste hardiment entre ce navire et le fort ; s'empare du premier, rase le second ; il débarque ; il pille les maisons voisines, remet à la voile avec un immense butin ; et prend à son retour, quatre bâtiments anglais, et rentre triomphant au port de Saint-Malo.

3.

COMBAT DE REVESIER.

Nommé vice-amiral-général des armées navales de
France, Tourville, à la tête de soixante-dix-huit gros vaisseaux outre les frégates et les bâtiments de charge, partit
de Brest le 23 juin 1690; et le 7 juillet ayant reçu l'ordre
de combattre, il s'avança vers les ennemis; qu'il rencontra, le 10, entre l'île de Wight et le cap Ferlay. Château-
Regnaud eut le commandement de l'avant-garde, celui de
l'arrière-garde fut confié au comte d'Estrées, fils du vainqueur de Tabago. Le combat s'engagea sur les neuf heures du matin : la flotte anglo-hollandaise, forte de cent
douze voiles, attaqua en même temps l'avant-garde, l'arrière-garde et le corps de bataille des Français. Mais,
après deux heures de combat, l'amiral anglais, qui ne
s'était présenté qu'à l'endroit où nous étions le plus fai-
bles, y trouva tant de résistance qu'il fut obligé de plier,
et n'osa point se joindre au contre-amiral hollandais qui,
avec trois gros vaisseaux, combattait contre Tourville.
Mais ce contre-amiral, quelle que fût la valeur qu'il dé-
ployât, dut renoncer à diviser les différents corps de notre
armée navale ; les tentatives qu'il hasarda pour forcer
notre corps de bataille ne lui réussit pas mieux, et, après
avoir eu leurs vaisseaux rasés et criblés par l'artillerie
française, les Anglais et lui, furent réduits à se retirer en
nous abandonnant un vaisseau de soixante-dix canons.
Parmi ceux qu'ils parvinrent à sauver et qui seraient tombés entre nos mains, si le vent n'eût changé, plus de dix
furent démâtés, plus de six mis hors de service; et un
navire anglais qui voulait brûler un des nôtres, fût brûlé
lui-même par un coup de canon chargé à boulets rouges
que Tourville lui avait tiré. Ce brave amiral ne perdit

pas un seul de ses bâtiments, et n'eut dans tous ses équipages que quatre cents morts et cinq cents blessés.

EXPLOITS DE JEAN BART.

Commandant de l'*Alcyon,* qui était de quarante pièces d'artillerie, Jean Bart se trouvait dans la flotte avec laquelle Tourville partit de Brest, le 23 juin 1690. Le 4 juillet, il al'a dans un bateau, reconnaître de nuit la flotte anglo-hollandaise, et prit une glorieuse part à la victoire du 10 juillet.

Peu de temps après, il alla croiser sur les côtes de la Hollande, enleva la pêche qui s'y faisait, coula à fond tous les navires pêcheurs, et prit à l'abordage une frégate de trente-huit canons, qui leur servait d'escorte. Comme il revenait à Dunkerque, il rencontra, attaqua et prit deux bâtiments anglais, montés par quatre cent cinquante soldats danois.

Cependant, deux vaisseaux chargés de poudre avaient été achetés à Hambourg pour Louis XIV, et l'on n'osait les faire venir de l'Elbe où ils étaient radoubés, dans la crainte que les Hollandais ne s'en emparassent. Ayant reçu l'ordre d'aller chercher ces deux navires, Jean Bart ne les trouve pas encore prêts ; et, en attendant qu'ils le soient, il croise sur les côtes et capture pour quarante-cinq mille écus de bâtiments baleiniers ; ensuite il rentre dans l'Elbe ; il y prend les deux vaisseaux ; et, malgré une multitude de navires ennemis qu'il rencontre sur sa route, il rentre au port de Dunkerque, sans avoir éprouvé le moindre échec.

EXPÉDITION DANS LA BAIE DE TINGMOUTH.

Informé que douze vaisseaux anglais étaient à l'ancre dans la baie de Tingmouth, Tourville résolut d'aller les brûler. Il fit descendre dans un détachement de chaloupes dix-huit cents hommes sous les ordres du comte d'Estrées, et les envoya débarquer sur la côte. A leur approche, cent cinquante hommes abandonnèrent avec précipitation le retranchement qu'ils occupaient et dont s'empara sur-le-champ le comte d'Estrées. Pendant ce temps, plusieurs de nos navires brûlaient dans le port neuf vaisseaux de quarante canons, deux de trente, un de vingt-quatre, et ils s'y rendaient maîtres de huit bâtiments marchands chargés de bas, de draps et de cuirs. Après cette double entreprise, nos soldats et nos vaisseaux allèrent rejoindre Tourville, qui, tant qu'elle avait duré, avait tenu les Anglais en échec du côté de Torbay, en se montrant à eux avec une douzaine de chaloupes pleines de mousqueterie et de mèches allumées.

NOUVEAUX EXPLOITS DE DUCASSE.

Arrivé à Saint-Domingue dont on l'avait nommé gouverneur, Ducasse trouva cette colonie dans l'état le plus déplorable. Ni munitions, ni fortifications, ni vaisseaux n'en facilitaient la défense; et tous ces braves flibustiers, autrefois la terreur de l'Amérique, se trouvaient ou morts, ou dans les fers des Anglais. Ces derniers, s'étant alliés aux Espagnols, menaçaient avec eux Saint-Domingue, dont les habitants s'abandonnaient à de fatales divisions. Mais, à l'aspect de Ducasse, tout change et finit par s'améliorer. Les Espagnols, qui, tant par terre que par mer, n'étaient plus qu'à quinze lieues du Cap, se retirent au bruit des préparatifs que fait le nouveau gouverneur. Celui-ci profite de leur retraite pour débarquer avec des flibustiers, sur les côtes de la Jamaïque, où il commet les plus grands ravages, et d'où il rapporte un immense butin. De retour dans sa colonie, il y est encore troublé par les Anglais et les Espagnols; mais la division qui se mit parmi eux, et surtout les pertes qu'ils durent à la valeur de Ducasse, les obligèrent à se retirer.

PREMIERS EXPLOITS DE DUGUAY-TROUIN.

Embarqué comme volontaire sur une frégate de vingt-huit canons équipée par sa famille, Duguay-Trouin décida son capitaine à attaquer une flotte anglaise de quinze vaisseaux marchands, La brillante valeur de ce jeune héros enflamma celle de tout l'équipage, et trois vaisseaux ennemis furent abordés et capturés. De si heureux commencements firent donner à Duguay-Trouin, en 1691, le commandement d'une frégate de quatorze canons qui appartenait aussi à sa famille. Notre courageux marin, qui n'avait encore que dix-huit ans, ayant été jeté par une tempête sur les côtes de l'Irlande, attaqua et mit en déroute un corps de troupes assez nombreux, se rendit maître d'un château et brûla deux navires.

En 1692, pendant la désastreuse bataille de la Hogue, Duguay-Trouin, avec une frégate de dix-huit canons. at-

taquait sur les côtes d'Angleterre et prenait deux frégates qui escortaient trente bâtiments de commerce; et à
cette capture succéda bientôt après celle de six autres
vaisseaux.

BEL EXPLOIT DE GABARET.

Après avoir servi en Sicile sous le duc de Vivonne; à
Tabago, sous le duc d'Estrées; en Irlande, sous Château-
Regnaud; et à la Hogue, sous Tourville. Gabaret fut, en
1693, nommé gouverneur de la Martinique. Bientôt une
flotte anglaise vient y débarquer quatre mille hommes;
Gabaret, qui n'en a que quatre cents à leur opposer, ne
se décourage point pour cela; il marche à eux avec sa
petite troupe; il les harcelle, leur tue beaucoup de monde; il les chasse d'une éminence où ils s'étaient postés, et
les oblige à profiter de la nuit pour se rembarquer, en
abandonnant leurs poudres, leur plomb, leurs équipages
d'artillerie, des sacs de terre, des bestiaux et quelques
armes.

AUTRES EXPLOITS DE JEAN BART.

Bloqués par les Anglais dans le port de Dunkerque, nos
vaisseaux y étaient réduits à l'inaction; mais Jean Bart, à
qui un pareil état semblait un trop rigoureux supplice,
demanda à M. de Pontchartrain, ministre de la marine.

et obtint de lui la permission de faire construire une flotte de légers vaisseaux. Cet armement terminé, notre vaillant marin en prend le commandement, met à la voile pendant la nuit, passe dans l'intervalle des vaissaux anglais en leur lâchant une double bordée, et parvient en pleine mer avant qu'ils aient songé à l'arrêter. A la fin du jour, Jean Bart aperçoit quatre navires anglais, qui, avec une riche cargaison et sous l'escorte de deux bâtiment de guerre, faisaient voile pour la Russie. Il les serre de près pendant la nuit; dès que l'aube commence à poindre, il les attaque et les prend les uns après les autres, malgré la vigoureuse résistance des deux vaisseaux de guerre, qui portaient chacun cinquante canons. Deux jours après, Jean Bart rencontra une flotte hollandaise de cent voiles, qu'escortaient deux navires de quarante canons. Il les attaque, les capture, les brûle, après avoir laissé sur la côte de l'Angleterre toutes les personnes qui les montaient. De là, Jean Bart se dirige vers l'Ecosse ; il y arrive ; il y débarque ; il y pille plusieurs villages, et repart sans avoir éprouvé la moindre perte.

VOYAGE DE FROGER, OU RELATION DU VOYAGE DE M. DE GENES AU DÉTROIT DE MAGELLAN.

Quittant les côtes orientales de l'Amérique, qu'ils avaient longtemps infestées sans réussir pour cela à se créer une fortune, quelques flibustiers passèrent, en 1686, dans la mer du Sud, par le détroit de Magellan. Mais l'indiscipline et les dissolutions dans lesquelles ils y vécurent durant sept années, ne leur ayant laissé partager que des sommes peu considérables, la plupart d'entre eux re-

passèrent le détroit pour retourner chacun dans sa patrie
Il n'y en eut que ving-trois, qui, montés sur une barque,
eurent l'audace de poursuivre leur aventureuse carrière
Le succès répondit d'abord à leurs ambitieuses espérances; et cinq vaisseaux qui, sur les côtes du Pérou, tombè-
rent entre leurs mains, les dédommagèrent des délais ap-
portés par eux à leur départ. Montés sur un de ces navires,
qu'ils avaient chargé de ce que les autres avaient de plus
précieux, ils revenaient riches, et triomphants, lorsqu'au
milieu du détroit, une horrible tempête fit périr leur vaisseau et leur enleva le fruit de leur entreprenante valeur
Après dix mois passés à construire une barque, ils arrivèrent à Cayenne avec les débris de leur fortune. Les uns
s'établirent dans cette île, d'autres à Saint-Domingue.
Mais il s'en trouva cinq qui, ne pouvant s'habituer à la
médiocrité où leur désastre les avait réduits, vinrent en
France. L'un d'eux, nommé Macarty, se présenta à M. de
Gênes et lui fit agréer le projet d'une expédition dans la
mer du Sud. Cet officier se rendit à la Cour, qu'il fit entrer dans ses vues et qui le chargea de les mettre à exécution. Jaloux de servir sa patrie et d'étendre le domaine
de la science, Froger, qui, à dix-neuf ans, était déjà pro-
fondément versé dans les mathématiques, s'empressa de
prendre part à cette expédition.

Ce fut le 3 juin 1695, que M. de Gênes partit de La Rochelle, à la tête d'une escadre composée de six vaisseaux.
Le 1er juillet, il se trouva en vue du Cap-Verd, et il alla
prendre des rafraîchissements à l'île française de Gorée,
dont Froger fait la description. De là, les Français portèrent la guerre au fort anglais de Saint-James, qui se rendit après une légère résistance; et ils firent rendre hommage à leur pavillon par une multitude de rois africains.
Traversant ensuite la grande mer qui sépare l'Afrique du
Brésil, M. de Gênes arriva, le 24 novembre, aux îles
Sainte-Anne, qui servaient autrefois de retraite aux Hol-

landais, lorsqu'ils entreprirent la conquête du Brésil. Elles n'en sont éloignées que de deux lieues. Les seuls rafraîchissements que les Français y trouvèrent, furent quelques fruits sauvages, du pourpier et de petites cerises canelées, qui ont à peu près le goût des nôtres; mais ils y furent réjouis par le chant d'une infinité de petits oiseaux, qui remplissait les bois dont ces îles sont couvertes. Froger admira surtout le cardinal et le colibri. Le 29, on doubla le cap de Frie ; et, le 30, on se trouva devant deux grandes roches, assez éloignées l'une de l'autre, qui s'élèvent, comme deux pains de sucre, à l'embouchure du Rio-Janeiro. Froger leva le plan de la ville qui en tire son nom. M. de Gênes remit à la voile le 27 décembre. Un calme fâcheux l'obligea de mouiller, le 29, dans le canal de l'île Grande. Cette île, qui n'a pas moins de dix-huit lieues de tour, est haute et couverte de bois dont l'épaisseur ne permet pas d'y pénétrer. On y voit cependant des plaines entières de citronniers et d'orangers. Parmi les divers fruits sauvages, Froger vante la *poire de Mapou*, qui porte un coton roux dont on fait des matelas. Il suffit de les exposer au soleil pour faire enfler le coton, ce qui rend le matelas comme neuf.

Dans le dessein de ne plus relâcher jusqu'au détroit de Magellan, on n'avait rien épargné à Rio-Janeiro, pour la provision de l'escadre, M. de Gênes fit renouveler l'eau et le bois dans l'anse de l'île Grande, et leva l'ancre le 5 janvier 1696. Le 23, il vit quantité de veaux marins, qui dormaient sur le dos à fleur d'eau. Le 29, il fut beaucoup plus étonné à l'aspect de quelques baleines et d'un prodigieux nombre d'oiseaux, qui suivaient le navire comme des canards. Le 31, la mer fut si couverte de petites écrevisses rouges, qu'on en prit plus de dix mille avec des paniers. Le 4 février, on reconnut le cap Saint-Ynes-de-las-Barreras, dont les terres sont basses et paraissent stériles. Le 7, à la pointe du jour, une erreur qui fit prendre le cap qu'on aperçut pour celui des *Vierges,* exposa l'escadre à donner sur un banc dont elle aurait eu beaucoup de peine à se dégager. Le véritable *cap des Vierges,* s'offrit enfin à elle, et la faveur des vents, que les courants secondèrent, la fit entrer aussitôt dans le détroit, où elle mouilla vers le soir, à l'entrée de la baie de la Possession. Le vent s'étant fort affaibli, le 12, M. de Gênes ne put avancer que trois lieues; le 13, il doubla le *cap Entrana,* pour aller mouiller à l'entrée de la baie Boucault, où il vit quelques baleines et quantité de marsouins tout blancs, à l'exception de la tête et de la queue. Le 14, ayant louvoyé jusqu'à midi pour résister à la marée contraire, il jeta l'ancre au milieu de cette baie. La côte en est plate et stérile; elle n'offre ni eau ni bois. On y trouve des bécassines et des oiseaux de mer. L'intérieur du pays nourrit des bœufs et des chèvres.

Le 26, on doubla le cap Grégoire; et, vers midi, on mouilla à une petite lieue au-dessous de l'île de Saint-Georges, dont le calme et la marée empêchèrent d'approcher davantage. Les vents, qui redoublèrent de violence pendant les jours suivants, firent différer de lever l'ancre jusqu'au 21 mars. On rangea d'assez près l'île de Saint-Georges, la sonde à la main; ce qui n'empêcha point qu'on ne se trouvât tout d'un coup dans la pointe d'un banc qui n'était point marqué sur la carte. L'adresse des pilotes sauva l'escadre de ce danger. On mouilla, le soir, à six lieues de l'île de Saint-Georges, dans une anse, où l'on fut retenu, jusqu'au 24, par les vents contraires. On fit voile de là vers la baie de *famine,* à deux lieues de cette baie on fit de très bonne eau. Les Français virent ici, pour la première fois, huit ou dix Patagons, qui leur parurent d'une grande sobriété et d'une taille qui n'atteignait pas six pieds.

Le 25, les vents variables et contraires obligèrent de mouiller sous le cap Forward. Le lendemain, on n'arriva au cap de Hollande qu'avec d'épouvantables coups de vents. Vers minuit, on fut contraint de retourner au mouillage qui se présenta le premier; ce fut deux lieues au-dessous du cap Forward, dans une grande baie fort commode, où M. de Gênes prit le parti de s'arrêter jusqu'au 3 mars, pour faire de l'eau. Cette baie n'étant pas marquée sur les cartes, les Français la nommèrent *Baie française*, et donnèrent à la rivière qui s'y décharge le nom de M. de Gênes. Un vent favorable leur rendit le courage de doubler encore le cap *Forward*. Le 5, ils reconnurent la baie de *Famine*, célèbre par le triste sort des Espagnols qui s'y établirent sous Philippe II, et qui furent mangés par des sauvages. Les vents se déchaînèrent jusqu'au 9, puis ils devinrent favorables; mais ils furent de nouveau contraires le lendemain et continuèrent de l'être durant dix jours. Le 20, un heureux intervalle permit de gagner le *Port-Galant*, où l'on se décida à retourner à l'île Grande, pour y renouveler les provisions et tenter la fortune par de nouveaux voyages. Mais nos navigateurs n'eurent pas plutôt mis à la voile, que le vent redevint favorable et leur fit faire encore une tentative qui ne réussit pas mieux que les précédentes. Ils retournèrent alors à l'embouchure du détroit : et, le 7 avril, rentrèrent dans la mer du Nord. Ils se rendirent au Brésil, dans la baie de *Tous les Saints*, devant la ville de San-Salvador dont Froger donne la description, et où ils employèrent quatre mois à rétablir leurs malades. M. de Gênes en partit, le 7 du mois d'août, pour visiter Cayenne, où les Français avaient été rétablis, en 1677, par le maréchal d'Estrées. Le 17, nos navigateurs reconnurent le cap Saint-Augustin ; le 22, ils passèrent la ligne; le 27, l'eau jaune, bourbeuse et un peu douce, qu'ils rencontrèrent, leur apprit qu'ils étaient à l'embouchure du fleuve des *Amazones*. le 30, ils virent le cap d'Orange, et arrivèrent à six heures du soir, à Cayenne. La violence des courants contraignit la chaloupe à faire le tour de l'île pour aller chercher un pilote, qui n'arriva que le lendemain, parce que la mer était basse. On se servit de la marée pour parvenir au mouillage de l'île où l'on jeta l'ancre sous le canon de la ville, et à une portée de pistolet du rivage. L'île de Cayenne, sa capitale, son commerce, ses productions, son gouvernement, les peuplades indiennes qui l'habitent, leur industrie, leurs usages et leur religion, furent les différents objets sur lesquels se portèrent tour à tour les observations de Froger.

L'escadre française passa trois semaines dans cette île, à soigner la santé de ses malades. Le 25 mai, M. de Gènes fit lever l'ancre ; il passa à la Martinique et à la Guadeloupe, sans autre vue apparente que de protéger le commerce français ; il remit à la voile le 10 février 1697, et arriva heureusement le 21, à La Rochelle.

NOUVEAUX EXPLOITS DE DUGUAY-TROUIN.

Parvenu à s'évader de la prison où les Anglais le retenaient captif, Duguay-Trouin monte, avec quatre Français, sur une simple chaloupe ; et, après avoir lutté contre une furieuse tempête, il aborde, non loin de Tréguier, sur les côtes de la Bretagne. Aussitôt, il se rend à La Rochelle, il s'y embarque, se met en mer, et s'empare d'abord de six bâtiments anglais. Une flotte anglaise de soixante voiles frappe ensuite sa vue ; vainement elle est escortée par deux vaisseaux de guerre le *Sans-Pareil* et le *Boston*, il attaque ces deux derniers, les contraint d'amener leur pavillon et capture tous les bâtiments qu'ils étaient chargés de protéger. Notre jeune héros trouva le moyen de relever encore l'éclat d'un si beau succès. Le capitaine du *Sans-*

Parcil était le même qui, autrefois, avait fait prisonnier Jean Bart et Forbin. Pour perpétuer le souvenir de son triomphe, il avait gardé la commission de ces deux braves Français. Duguay-Trouin, qui en était informé, obligea l'officier anglais à la lui rendre. Louis XIV, instruit de cette victoire et de la circonstance qui l'avait accompagnée, témoigna sa satisfaction au vainqueur, en lui envoyant une épée; Duguay-Trouin n'avait alors que vingt-un ans.

BEAUX FAITS D'ARMES DU CAPITAINE DU BROUILLAN.

Le capitaine du Brouillan, auquel s'étaient réunis cinq armateurs malouins, entra dans la baie de Bambourg afin d'en enlever un vaisseau anglais et neuf vaisseaux marchands; mais, contraint par le calme à jeter l'ancre, et foudroyé tant par l'artillerie de cinq forteresses que par celle des vaisseaux, il opère à droite et à gauche deux descentes simultanées; il emporte, l'épée à la main, les cinq forteresses, et fait prisonniers tous ceux des ennemis qui ne se réfugient point dans les bois. Le lendemain, ayant pénétré dans une baie voisine de Forillon, tandis que, d'après ses ordres, un de ses navires croise à l'entrée de la baie, et que deux autres canonnent les forts, il brave le feu d'un vaisseau, met pied à terre, attaque leurs retranchements, s'en empare, les rase, en enlève le canon, et se rembarque avec un riche butin et une multitude de prisonniers. Bientôt après, il arrive à Raguenouze, en détruit les forts et les habitations, et ne se retire que lorsqu'il s'est chargé d'un butin considérable et qu'il a pris ou brûlé trente vaisseaux marchands.

CONTINUATION DES EXPLOITS DE DUGUAY-TROUIN.

Duguay-Trouin continuait toujours de se signaler par des prodiges de valeur. A la tête de trois vaisseaux, il se rendit, en 1703, sur les côtes du Spitzberg, et il y prit, rançonna, ou brûla plus de quarante navires baleiniers.

En 1704, avec un vaisseau de cinquante-quatre pièces d'artillerie, il captura successivement deux bâtiments anglais, l'un de soixante-douze et l'autre de cinquante quatre canons. En 1705, il attaqua une flotte de treize navires que protégeait une frégate de trente-quatre canons, et prit cette dernière ainsi que la plus grande partie de la flotte. En 1707, il sauta à l'abordage d'un vaisseau de quatre-vingt-deux canons et réussit à s'en rendre maître.

Tant et de si utiles services furent récompensés par la croix de Saint-Louis et par le commandement d'une escadre de six vaisseaux. Ces marques de la satisfaction de son roi furent pour lui un nouvel aiguillon ; et en 1709, n'ayant sous ses ordres que quatre bâtiments de soixante, de quarante et de vingt canons, il prit plusieurs des vaisseaux dont se composait une escadre anglaise, escortée par trois navires qui portaient cinquante, soixante, et soixante-dix canons.

EXPLOITS DE JACQUES CASSARD.

Jacques Cassard s'était rendu si célèbre par les talents et le courage qu'il avait déployés dans la marchande, que Louis XIV s'était empressé de lui confier plusieurs vaisseaux, De nombreux exploits ne tardèrent point à prouver combien ce brave marin était digne d'une telle faveur. En 1708 il attaqua une flotte de trente-cinq bâtiments anglais, mit en fuite le vaisseau de guerre qui l'escortait, et enleva cinq navires qui en faisaient partie. En 1709, il arma à ses frais deux vaisseaux du roi pour aller chercher et ramener en France vingt six bâtiments marseillais chargés de blés qu'on avait achetés dans les échelles du Levant. Au moment qu'il mettait à la voile, on le pria d'escorter vingt-cinq navires marchands qui étaient sur le point de partir. — Mes enfants, répondit-il aux solliciteurs, je suis flatté de la confiance que vous avez en moi; mais, si l'ennemi m'attaque avec des forces supérieures, je succomberai, et j'aurai la douleur de voir enlever vos vaisseaux. Croyez-moi, attendez une escorte plus considérable. Mais ce motif ne put faire impression sur des esprits que rassuraient les grandes qualités de notre marin : — Nos vaisseaux, répliquèrent-ils, seront en sûreté lorsque M. Cassard les escortera.

L'événement justifia leurs espérances; et Cassard, ayant conduit leurs navires à bon port, ramena la flotte qu'il était allé chercher, et qu'après plusieurs combats assez sanglants, il réussit à faire entrer saine et sauve à Marseille. De là, il se rendit à Toulon et captura deux bâtiments, l'un chargé d'huile et l'autre de blé. En 1710, il apprend que quatre-vingt-quatre navires français, chargés de blé, et escortés par six vaisseaux de ligne, s'étaient réfugiés en Sicile pour ne pas tomber au pouvoir de huit vaisseaux de guerre anglais, qui, pour les enlever, croisaient sur les côtes de la Provence, Cassard fait armer sur-le-champ quatre vaisseaux de guerre; il opère sa jonction avec la flotte française et avec son escorte; il combat à diverses reprises contre deux vaisseaux anglais, il finit par s'en rendre maître ; et, sans avoir éprouvé la plus légère perte il arrive au port de Toulon. Cependant l'année 1711 ne fut pas plus exempte de disette que les deux années précédentes, et ce fut encore Cassard qu'on chargea de remédier à ce fléau. A la tête d'une flotte nombreuse, il partit pour Constantinople, gagna la confiance du grand visir, reçut du sultan l'accueil le plus distingué, et chargea ses navires d'une quantité de blé si considérable, que son retour fit tout-à-coup régner en France une abondance qui n'eut de comparable que la disette d'où l'on venait de sortir.

VOYAGE DE FRÉZIER, OFFICIER DE MARINE.

La gloire de servir de modèle à tous les navigateurs qui font le voyage de la mer du sud, est d'un commun accord déférée à Frézier par tout ce que notre marine a produit d'hommes expérimentés; et il faut convenir qu'il a mérité cette prérogative par le nombre et la justesse des observations nautiques et des précieux renseignements que renferme son journal.

Encouragé par l'approbation de Louis XIV, Frézier s'embarqua à Saint-Malo, en qualité d'officier, sur le *Saint-Joseph*, vaisseau de trente-six canons et de cent trente-cinq hommes d'équipage, que commandait M. du Chêne Battas. Les vents étaient si peu favorables au départ, qu'en sortant du port le 23 novembre 1711, le *Saint-Joseph* et la *Marie*, qui l'accompagnaient, furent obligés de mouiller le même jour près du cap Fréhel, sous le canon du fort de la Latte, dans la baie de la Frenaie, où notre jeune marin fut témoin du naufrage d'un navire de trente-six canons. Enfin, après deux mois d'attente, les vents cessèrent de s'opposer au départ de nos deux vais-

seaux, qui, mettant aussitôt à la voile, passèrent le grand
canal entre Rochedouvre et Guernesey, pour éviter les
corsaires qui infestaient alors les côtes de Bretagne. A la
faveur des mêmes vents, on sortit heureusement de la
Manche; et, quoique la mer fût très grosse, on parvint
sans obstacle à la latitude de trente-deux degrés.

En arrivant en vue de l'île de Palme, Frézier eut occasion de faire quelques observations nautiques d'une haute
importance. On passa ensuite aux îles du Cap-Vert, le 15
février; mais sans autre règle pour les distinguer d'abord
que de simples conjectures. L'île de Saint-Vincent, où l'on
s'arrêta, offrit peu de ressource aux besoins du vaisseau.
Le ruisseau qui coule pendant une partie de l'année dans
une petite anse, le plus au nord de la baie, était entièrement desséché. On ne trouva, dans les cantons voisins,
que des mares d'eau salée; et, pour habitations, quelques
cabanes de branches d'arbres, moins propres à des hommes qu'à des bêtes. La porte en est si basse, qu'on n'y
peut entrer qu'en se courbant jusqu'à terre. Les seuls meu-
bles qu'on y apercevait étaient quelques sacs de peau, et
des écailles de tortue, qui servaient de sièges et de réser-
voirs pour garder de l'eau. Les insulaires avaient abandonné leurs demeures, dans la crainte d'être réduits en
esclavage.

A force de recherches, on découvrit un petit filet d'eau,
mais ce ne fut qu'en creusant, pour en faciliter le cours,
qu'on parvint à en approvisionner le navire. Cette eau
n'était pas excellente dans sa fraîcheur; et, au bout de
sept à huit jours, elle devint si puante, que l'équipage
n'en buvait qu'avec répugnance. Le poisson et le bois
étaient les seules provisions qui se rencontrassent en abondance dans cette île. Ayant soigneusement observé tout ce
qu'offrait d'intéressant cette contrée, les Français remirent à la voile, et passèrent la ligne à trois cent cinquante-
cinq degrés de Ténériffe. Malgré des calmes fréquents, des

vents fort variables, des pluies, et un temps fort couvert,
qui ne permit point de distinguer les îles de l'Ascension
et de la Trinité, on arriva enfin à l'île Sainte-Catherine,
le 31 mars 1712.

Envoyé, avec quelques autres officiers, pour reconnaître s'il n'y avait pas de vaisseaux ennemis dans l'anse
d'Arazatiba, qui est en terre ferme, Frézier découvrit une
aiguade fort commode, à un quart de lieue du navire.
Plus loin, sur une petite langue de terre, il trouva, dans
une maison abandonnée, des cendres chaudes, qui lui
firent juger que les habitants n'avaient pris la fuite que
depuis quelques heures. Ils étaient informés de la prise
de Rio-Janeiro par Duguay-Trouin, et l'arrivée d'un vaisseau français leur causa tant d'effroi, que les femmes s'é-
taient déjà sauvées dans les montagnes. Continuant d'exécuter sa commission, Frézier arriva dans une petite anse,
où il trouva de l'eau et un peu de poisson. Il y passa la
nuit en se tenant en garde contre les tigres dont les bois
sont remplis et dont il avait vu des vestiges récents sur le
sable. Au point du jour, il s'assura qu'il n'y avait aucun
vaisseau à l'ancre dans la baie d'Arazatiba. A son retour,
il trouva dans une anse, à l'est de l'îlot fleuri, de l'eau
très-bonne et de petites huîtres vertes d'un goût excellent.
Deux anses s'offrirent encore à lui, au nord de la première ; et, dans une habitation abandonnée, il vit une
grande provision d'oranges douces, de citrons et de grosses limes, dont il chargea son canot. En arrivant au navire, il y trouva Emmanuel Mansa, gouverneur de Sainte-
Catherine, avec des Portugais qui avaient apporté des
rafraîchissements. Les civilités qu'ils avaient reçues inspi-
rèrent tant de confiance aux habitants, qu'on ne cessa
plus de voir venir des pirogues chargées de poules, de
tabac et de fruits. Le 12 avril, on remit à la voile.

Les vents furent variables jusqu'à la hauteur de quarante
degrés, où la brume devint fort épaisse et fut suivie d'un

calme après lequel on la vit recommencer avec la même épaisseur, vers quarante degrés trente minutes. Sous cette latitude, et sous celle de quarante-six degrés, on aperçut un grand nombre d'oiseaux d'un plumage régulièrement mêlé de noir et de blanc, ce qui leur a fait donner le nom de damiers.

Le 7 mars, on vit distinctement la *Terre de Feu*. Après en avoir suivi la côte jusqu'à cinq ou six lieues du détroit de Lemaire, on attendit le lendemain. Le 8, on entra dans ce détroit, au sortir duquel on trouva le port du *Bon-Succès* que quelques navigateurs confondent avec la *baie Valentin*. Les sauvages qui en habitent les environs, sont nus, quoique le pays soit extrêmement froid. Les uns portent une peau d'oiseau à leur ceinture, d'autres ont les épaules couvertes des dépouilles de quelque bête fauve. Ils sont presqu'aussi blancs que les Européens. Le rouge leur plaît si fort, qu'un d'entre eux, voyant un bonnet de cette couleur sur la tête d'un officier, eut la hardiesse de le prendre et de le mettre sous son bras. Un autre, voyant la crête de quelques poulets du vaisseau, la leur arrachait pour l'emporter. Ils paraissaient mieux faits et plus robustes qu'on ne l'est au Chili. Leurs femmes sont aussi plus belles, et leurs pirogues d'écorce d'arbres sont cousues avec beaucoup d'art. Du reste, ils sont hospitaliers. Ayant éprouvé les plus violentes rafales, notre navigateur doubla heureusement le cap Saint-Barthélemy; il éprouva ensuite une terrible tempête, à laquelle succéda le calme le plus profond. Des vents frais favorisèrent la marche du navire; mais, dans la nuit du 18 au 19 mai, on vit, à une heure, un météore inconnu aux plus anciens navigateurs du vaisseau; c'était une lueur différente du feu Saint-Elme et d'un éclair qui dura l'espace d'une demi-minute et qui fit sentir un peu de chaleur. Ce phénomène, par un temps froid et pendant un grand vent, fit redouter quelque orage. Cette crainte ne se réalisa que

trois jours après, et lorsqu'on eut doublé le cap de Horn.
Alors, il s'éleva une si furieuse tempête, que les plus
grandes précautions ne rassurèrent que faiblement les
terreurs de l'équipage. Après avoir été tourmenté durant
vingt-quatre heures, notre navigateur vit la mer se calmer
insensiblement, et les changements que les vents éprouvèrent les jours suivants n'empêchèrent pas de découvrir
une terre qu'on prit pour la pointe de Vallena ; le soir, on
vit une autre pointe qui était celle de la Galère, et l'on
alla mouiller dans le port de Baldivia qui est le meilleur
du Chili.

Frézier, dans les courses qu'il fit en remontant du Chili
à Lima, examina soigneusement cette partie des côtes de
l'Amérique ; et, après avoir recueilli des observations qui
avaient jusqu'alors échappé à tous les navigateurs, il se
rembarqua à Callao, pour la France, le 9 octobre 1713,
sur un navire marseillais, nommé la *Marianne*. Dans sa
traversée de Callao au port de La Conception, il fit d'im-
portantes remarques sur les vents et sur les courants. Il
séjourna trois mois dans ce dernier port, et en repartit le
18 février, avec trois bâtiments de Saint-Malo, qui avaient
promis au sien de l'escorter jusqu'en France. Mais, sous
prétexte qu'il était mauvais voilier, ils l'abandonnèrent le
12 mars, et lui laissèrent le regret de les avoir suivis jusqu'à la latitude de cinquante-huit degrés quarante minutes, lorsqu'il aurait pu passer quarante lieues plus au
nord, et racourcir sa route de six jours sans pénétrer si
loin dans de rigoureux climats, où la fatigue est toujours
inséparable des dangers. A peine les trois Malouins eu-
rent-ils disparu qu'on aperçut de la *Marianne*, à trois
quarts de lieue vers l'ouest, une glace qui n'avait pas moins
de deux cents pieds de hauteur hors de l'eau. On la prit
d'abord pour une île inconnue ; mais le temps était de-
venu plus clair, on reconnut distinctement que c'était une
glace dont la couleur bleuâtre avait en quelques endroits

une apparence de fumée, et l'on en vit flotter quelques petites pièces autour du vaisseau. Deux lieues plus loin, on distingua une autre île de glace, à la distance de cinq quarts de lieue. Elle était beaucoup plus haute que la première, et se présentait comme une côte rangée, ayant quatre ou cinq lieues de long. On en fut heureusement dégagé par un vent frais qui la fit perdre de vue.

Le 8 avril, notre navigateur arriva à l'île de l'Ascension, qu'il ne faut pas confondre avec celle qui, portant le même nom, est situé par les six degrés vers la côte de Guinée. Celle qui nous occupe est à vingt degrés vingt-cinq minutes de latitude sud, et à trente-deux degrés cinq minutes de longitude. On y trouve une belle cascade, qui pourrait fournir de l'eau à toute une escadre; mais les grosses pierres dont le rivage est bordé, et la violence des vagues ne permettent pas d'y descendre sans risque; encore l'eau dont la *Marianne* eut peine à remplir quelques barils, se corrompit-elle en deux ou trois jours; ce qui contraignit le navire français à relâcher sur la côte du Brésil, qu'il aperçut le 20 du même mois. La description de la baie de *Tous-les-Saints* et celle *San-Salvador* occupèrent Frézier jusqu'au 7 mai. Il remit alors à la voile; et, à l'exception des calmes qui le retinrent presque un mois à petites journées, sa navigation fut heureuse jusqu'au 10 juillet, qu'il arriva en vue du Pic, montagne située dans l'une des Açores, qui en a tiré son nom. Ce pic s'élève en pain de sucre et si haut, qu'on peut le découvrir, comme celui de Ténériffe, à la distance de trente lieues. Trois jours après on reconnut l'île de Saint-Michel; et, le 14 de juillet, on mouilla à Terceire, dans la rade de la ville d'Angra. Frézier employa les quatre jours qu'il y passa, à examiner en détail et à décrire l'île de Terceire Angra, son port, ses forteresses et tous les autres ouvrages qui la défendent. Après s'être approvisionnée, la *Marianne* mit à la voile, le 18 juillet. Des vents favorables, qui commencèrent à *mi-canal* des Açores et de la terre ferme, firent arriver la *Marianne* à l'embouchure du détroit de Gibraltar, le 31 juillet. En passant dans le détroit, Frézier entendit plusieurs coups de canon de Ceuta, assiégée depuis plus de trente ans par les Maroquins; et vers le soir, il découvrit les feux de leur camp. Enfin le 17 août, il entra au port de Marseille.

Là se termina une navigation qui, par l'abondante moisson d'observations nautiques qui en furent le fruit, n'a pas moins contribué à éterniser le nom de Frézier qu'à perfectionner les cartes marines et à faciliter autant qu'à rendre plus sûrs les voyages de long cours.

EXPÉDITIONS DE CASSARD EN AFRIQUE ET EN AMÉRIQUE.

Parti de Toulon pour aller attaquer les Portugais et les Hollandais jusques dans leurs colonies, Cassard se dirigea d'abord vers San-Yago, la plus grande des îles du Cap-Vert. Avant d'y arriver, il rencontra et prit un vaisseau anglais. Parvenu à San-Yago, il entra dans le port de la Praga, et avant d'en attaquer le fort, il envoya sommer le gouverneur de se rendre. Cet officier, n'ayant pas jugé à propos de se défendre, évacua la place, qui sur-le-champ fut occupée par un détachement de Français. De là Cassard marcha avec le reste de ses troupes sur Ribeira, capitale de l'île. Le gouverneur de cette place, sommé de l'évacuer, obéit promptement, et promit de la racheter moyennant une contribution de trois cent cinquante mille livres. Mais il ne tint point parole, et Cassard, pour l'en punir, fit sauter les forts, encloua un grand nombre de canons, en embarqua dix-sept de fonte, enleva deux cents barils de poudre, toutes les cloches de la ville, et tout ce qui s'y trouva de marchandises.

Ribeira, ainsi dépouillée, fut incendiée et entièrement dévorée par les flammes. Emmenant ensuite deux navires portugais qui se trouvaient dans la rade, Cassard fit voile pour la Martinique, où il radouba ses vaisseaux et fut renforcé par une escadre de flibustiers. Il se remit en mer, et prit de vive force ou par capitulation les îles anglaises de Montferrat et d'Antigoa, la ville de Surinam dans la Guiane Hollandaise, et l'île de Saint-Eustache, appartenant aux Hollandais. Après ces expéditions qui lui avaient déjà valu des sommes considérables, Cassard assembla son conseil et lui proposa d'aller s'emparer de Curaçao. Les difficultés de cette entreprise épouvantèrent les officiers, qui, d'une commune voix, lui déclarèrent qu'il compromettrait inutilement la gloire dont il venait de se couvrir, s'il se hasardait à attaquer une île défendue par d'excellentes fortifications, par une artillerie formidable et par une garnison hollandaise plus considérable que les troupes dont il pouvait disposer. Mais Cassard : « — Plus les difficultés sont grandes, leur dit-il, plus il y a de gloire à les surmonter. Nos succès passés nous ont conduits ici, et sont un présage assuré de celui que nous allons avoir. J'espère tout de votre courage, espérez tout du mien ; marchons à l'ennemi. » Ce peu de paroles raniment dans tous les cœurs le courage qu'y avait glacé l'appréhension du péril. On attaque Curaçao ; l'on y combat de part et d'autre avec une rare intrépidité, et Cassard trouve encore le moyen d'effacer par sa valeur celle que font éclater à l'envi et ses compagnons et ses adversaires. Enfin il est réduit, par le défaut de munitions, à accepter, pour le rachat de la ville, une somme de six cent mille livres. Le total des bénéfices que toutes ces expéditions avaient valus tant à lui-même qu'à sa petite armée, fut porté par-là à plus de neuf millions, avantage considérable, mais cependant bien inférieur à la

gloire que de si beaux faits d'armes firent rejaillir sur la
France et sur celui dont les talents et l'intrépidité savaient
ajouter ainsi à l'honneur de notre pavillon.

HOMMAGE RENDU A CASSARD, PAR DUGUAY-TROUIN.

Le grand homme, s'il est privé des avantages que procurent une figure distinguée et des dons de la fortune,
éprouve souvent les dédains réservés à l'impéritie et à l'i-
nutilité : la vie de Cassard nous en fournit un exemple.
Un jour qu'avec une mise fort négligée il se trouvait dans
l'antichambre du roi, il fut remarqué et reconnu par Duguay-Trouin, qui s'y promenait avec quelques courtisans.
Soudain, le vainqueur de Rio-Janeiro, quittant sans cérémonie la société qui l'environne, s'approche de Cassard,
l'embrasse et s'entretient longtemps avec lui. A son retour,
les courtisans lui demandent quel est cet homme. — C'est,
leur répondit-il, le plus grand homme de mer que la
France ait aujourd'hui : c'est Cassard. Je donnerais toutes
les actions de ma vie pour une des siennes. Il n'est pas
connu ici ; mais il est redouté chez les Portugais, les Anglais et les Hollandais, dont il a ravagé les possessions en
Afrique et en Amérique. Avec un seul vaisseau, il faisait
plus qu'une escadre entière. — Illustre et magnifique témoignage, qui fera éternellement l'éloge et du héros qui
le rendit et de celui qui en fut l'objet !

GÉNÉROSITÉ DE DUGUAY-TROUIN.

Jaloux de donner des marques de sa satisfaction à l'un de nos plus grands hommes, Louis XIV accueillit avec la plus haute distinction l'heureux vainqueur de Rio-Janeiro. Non content de lui avoir déjà accordé une pension de mille francs, il lui en donna encore une de deux mille. Mais, loin de vouloir spéculer sur sa gloire, Duguay-Trouin, qui songeait plutôt aux intérêts de ses officiers qu'à l'accroissement de sa fortune, écrivit au ministre pour le prier de gratifier de cette pension le brave Saint-Aubin, qui, en qualité de second capitaine du vaisseau amiral, avait puissamment concouru à la défaite des Portugais et avait eu une cuisse emportée. — Je suis trop récompensé, ajoutait Duguay-Trouin, si j'obtiens l'avancement de mes officiers.

FIERTÉ DU MARÉCHAL DE COETLOGON.

Alain-Emmanuel de Coëtlogon fut un des marins les plus distingués des règnes de Louis XIV et de Louis XV. Il assista à onze batailles navales et y donna des preuves d'une haute valeur. Toutefois, il ne se fit pas moins remarquer par la noble fierté de son caractère. En 1716, il fut pourvu de la charge de vice-amiral, restée vacante par la mort du maréchal de Château-Regnaud. Le fils unique de cet illustre maréchal était le gendre du duc de Noailles, qui profita de son crédit auprès du Régent pour en obte-

4..

nir un brevet de cent vingt mille francs, payables par
Coëtlogon au profit de Château-Regnaud. Mais le nouveau
vice-amiral déclara qu'il n'en paierait pas un sou, qu'il
avait toujours mérité les honneurs où il était parvenu, et
n'en avait jamais acheté. Enfin, il mit tant d'énergie dans
son refus, il y donna tant de publicité, que le duc de
Noailles fut obligé de rapporter son brevet au Régent, qui
le lui fit payer sur la cassette du roi.

BEL EXPLOIT DU MARQUIS DE LA GALLISSONNIÈRE.

Les limites à tracer en Amérique, entre les colonies de
la France et celle de l'Angleterre, avaient allumé la guerre
entre ces deux couronnes, et le maréchal de Richelieu, à
la tête de douze mille hommes, était parvenu, le 17 avril
1576, à débarquer dans l'île de Minorque, alors au pouvoir des Anglais. Cette importante opération avait été fa-
cilitée par notre marine, qui, rassemblée soit sur les côtes
de la Normandie, soit dans les ports de Brest et de Toulon,
ou dispersée en divers parages de l'Amérique, tenait en
échec toutes les forces maritimes de la Grande-Bretagne.
Ce résultat était beau sans doute, mais il ne suffisait pas
au succès de l'entreprise dont le maréchal était chargé
contre une île défendue par une place telle que le fort de
Saint-Philippe, réputé presque aussi inexpugnable que
Gibraltar. Tracées sur les dessins de Vauban, à l'épreuve
de la brèche et du canon, les fortifications de la place assiégée étaient taillées dans un roc qui, au-dedans, recélait
des casemates où le soldat trouvait un abri sûr, et au-dehors offrait une croûte impénétrable qui ne permettait

point d'ouvrir des tranchées : des mines nombreuses auraient englouti à chaque instant les braves que leur courage, malgré tant d'obstacles, aurait rendus maîtres de
quelque point important; enfin, d'un moment à l'autre,
une flotte anglaise pouvait venir ravitailler le fort et en
augmenter la garnison. Richelieu, à qui n'échappait aucune de ces considérations, faisait travailler, depuis deux
mois, avec plus d'activité que de progrès, à établir des
batteries d'attaque, lorsqu'on signala une escadre anglaise,
forte de treize vaisseaux de ligne et cinq frégates, arrivant au secours des assiégés; elle était commandée par
l'amiral Byng. Dans cette extrémité, ce fut notre marine
qui, par son intervention puissante, vint conjurer l'orage
soulevé contre nos troupes de terre : ce fut elle qui, les
préservant d'un découragement funeste, leur conserva le
fruit de leurs fatigues et leur assura un triomphe que, sans
son secours, leur patience, leur discipline, leur bravoure
auraient vainement ambitionné. En effet, quoique inférieure de trois vaisseaux, l'escadre française, sous les ordres du marquis de la Gallissonnière, n'hésita pas à se
porter en avant pour faire échouer les desseins des Anglais;
et, le 20 mai, il s'engagea entre les deux escadres un combat célèbre, où l'art et le courage eurent une égale part,
mais qu'une artillerie servie avec la plus grande activité,
décida en notre faveur. Byng, extrêmement maltraité, et
après d'inutiles efforts pour s'approcher de la ville et la
ravitailler, fut obligé de gagner la baie de Gibraltar, en
emmenant plusieurs de ses vaisseaux à la remorque.

Ainsi, outre la gloire d'avoir encore humilié l'orgueil
britannique sur un élément qu'il regardait comme son empire, la marine française eut l'honneur de
conserver à nos soldats la conquête que Byng venait leur
enlever, et dont leur valeur les mit en possession le 27 juin
suivant.

La défaite de cette flotte anglaise fut le dernier exploit

du marquis de la Gallissonnière. Ce brave marin, sourd à
la voix de ses propres intérêts, quand il s'agissait de ceux
de la France, n'avait point hésité à se charger de cette expédition, bien que les médecins lui eussent assuré qu'il y
trouverait le terme de sa vie. L'événement ne justifia que
trop cette fatale prédiction ; le marquis de la Gallissonnière, épuisé par les fatigues de cette campagne, mourut
en se rendant à Fontainebleau, où Louis XV l'attendait
pour lui remettre lui-même le bâton de maréchal de
France.

COMBAT MÉMORABLE DU COMTE DU CHAFFAULT DE BESNÉ.

Capitaine de la frégate l'*Atalante*, le comte du Chaffault de Besné faisait partie de l'escadre que commandait
le comte d'Aubigni, lorsqu'il rencontra, près des îles du
Vent, le *Warwick*, vaisseau de guerre anglais de soixante-
quatre canons. Il lui livra un combat long et meurtrier,
durant lequel le comte d'Aubigni eut la générosité de demeurer paisible spectateur pour ne point affaiblir le mérite
du capitaine de la frégate française. Du Chaffault, aux manœuvres les plus habiles, joignant la plus brillante valeur,
parvint à se rendre maître du navire anglais, et se couvrit
d'une gloire qui vivra longtemps dans le souvenir de nos
marins.

EXPLOITS DE BOUGAINVILLE.

Brave guerrier, excellent marin, grand navigateur, sa-
vant distingué, Louis-Antoine de Bougainville sembla ne

réunir toutes ces sortes de gloire que pour en faire honneur à sa patrie. Au Canada, où il était passé en 1755, on lui confia, en 1756, le commandement d'un corps d'élite. A la tête de ces intrépides soldats, il franchit, à marches forcées, un espace de soixante lieues, au travers des neiges épaisses et de bois presque inaccessibles ; et il alla, sous le feu des batteries d'un fort, brûler dans le lac du Saint-Sacrement plusieurs navires anglais.

Le 6 juin 1758, il n'avait sous ses ordres que cinq mille Français, et les Anglais qui le combattaient étaient au nombre de vingt-quatre mille. Avec des forces si inégales, il lutta avantageusement contre ses adversaires, et les contraignit de se retirer, après leur avoir tué six mille hommes.

EXPLOITS DU CAPITAINE THUROT.

Comme Jean Bart, le capitaine Thurot fit ses premières armes dans la marine marchande, dans laquelle il avait pris du service en qualité de mousse ; et, par sa valeur, ses talents, ses nombreux exploits, il s'éleva au grade d'officier dans la marine royale.

Nous ne nous arrêterons pas au dénombrement de la multitude de prises qu'il fit sur les Anglais : il nous suffira, pour donner une juste idée de son mérite, de rapporter deux des combats les plus glorieux qu'il ait soutenus.

Le 26 mai 1758, Thurot n'était qu'à huit lieues d'Edimbourg, lorsqu'il aperçut quatre voiles anglaises qu'il prit pour des bâtiments marchands. Aussitôt il leur donna la chasse ; mais il se trouva que deux de ces navires étaient des frégates royales. Aussi, loin de prendre la fuite, fondirent-elles sur lui avec tant d'impétuosité que toute retraite

lui eût été impossible, quand même il en aurait eu la pensée. Mais un tel parti était trop indigne du vaillant Thurot
pour qu'il s'y abaissât; il affronte bravement la fureur des
ennemis, qui, après l'avoir placé entre deux feux, lui crient
inutilement de se rendre; il répond à leurs canons et à
leurs mousquets avec une vivacité pour le moins égale à
la leur; bientôt, des deux capitaines anglais, l'un est blessé
à la gorge et l'autre est tué; enfin, après sept heures d'un
combat opiniâtre et sanglant, le feu prend à l'une des frégates ennemies et l'oblige à se retirer; l'autre, entièrement
désemparée et réduite à ne plus compter qu'un petit nombre de défenseurs, suit l'exemple de la première et abandonne à notre intrépide marin une étonnante et glorieuse
victoire.

Le 12 juillet suivant, se trouvant dans la mer du Nord,
Thurot rencontra une flotte anglaise de dix-sept pinques
armées en guerre; onze d'entre elles étaient à trois mâts;
la moindre portait trois cents tonneaux, et leur artillerie
formait un total de cent trente canons. Quoique monté sur
une frégate qui n'en avait que trente, Thurot n'en avance
pas moins au milieu de la flotte en faisant feu des deux
bords. Les pinques l'environnent sur-le-champ et font successivement pleuvoir sur lui une grêle de boulets. Malgré
l'intrépidité de notre marin, il fut un instant près de suc-
comber, tant l'attaque dont il était l'objet était pressée,
impétueuse, terrible! Mais son courage réussit enfin à surmonter de si nombreux et de si redoutables ennemis; il
s'empara de deux pinques et mit toutes les autres en déroute,
sans que son équipage comptât plus de quatre morts et
quatre blessés.

BEL EXPLOIT DE BIGOT, VICOMTE DE MOROGUES.

En 1759, le vicomte de Morogues commandait le vaisseau le *Magnifique* et formait l'arrière-garde du maréchal de Bonflans, lorsque, dans la journée du 20 novembre, il soutint tout le choc des ennemis; il combattit seul trois vaisseaux de ligne anglais, dont il ne fut, durant une heure, qu'à la portée du fusil; il réussit à se dégager, et ramena son vaisseau dans la rade de l'île d'Aix.

Une si belle conduite valut au vicomte de Morogues le grade de chef d'escadre.

VOYAGE DE M. DE BOUGAINVILLE.

Chargé par le roi de France de restituer aux Espagnols les îles Malouines (1), et de revenir en traversant la mer du Sud, M. de Bougainville monta la frégate la *Boudeuse,* prit avec lui la flûte l'*Etoile,* et appareilla de Brest le 25 décembre 1766. Le 17 janvier 1767, il découvrit les Salvages; et le 31 du même mois, il mouilla à Monte-Video, d'où il se rendit à Buenos-Ayres pour se concerter avec le gouverneur de cette province et Don Philippe Ruès Puenté, qui, au nom de la couronne d'Espagne, devait prendre possession de ces lointaines colonies. En retournant de Buenos-Ayres à Monte-Video, M. de Bougainville prit sa route par terre, à travers des plaines immenses, où il faut se guider avec le

(1) Ainsi nommées parce qu'elles furent découvertes au commencement du xviiie siècle par deux navires de Saint-Malo.

coup-d'œil, se diriger de façon à ne pas manquer les gués
des rivières ; chasser devant soi trente ou quarante chevaux parmi lesquels on prend ses relais avec des lacs ; se
nourrir de viandes presque crues, et passer les nuits dans
des cabanes faites de cuir, où le sommeil est à chaque instant interrompu par les hurlements des tigres qui rôdent
autour.

Le Rio de la plata, la ville de Buenos-Ayres, la population libre et les esclaves qui l'habitent, les campagnes qui
l'entourent, les Indiens sauvages et belliqueux et les diverses peuplades qui en infestent tous les environs, fournirent au journal de notre illustre marin des particularités
curieuses et instructives. Il n'omit pas non plus d'entrer
dans quelques détails sur Monte-Video. Il en partit le 28
février, suivi de deux frégates que commandait don Ruès
de Puenté : il essuya quelques orages qui ne furent pas
sans péril ; et après avoir, le 21 mars, découvert les Sébal-
des, il entra le 23 dans la grande baie des Malouines. Les
Espagnols y parurent le 24, et, le premier avril, arborè-
rent sur ces côtes l'étendard de leur souverain.

Sans doute ce ne fut qu'avec de cuisants regrets que
M. de Bougainville livra à une domination étrangère une
colonie qui offrait à ses yeux le double intérêt et d'être
peuplée par des compatriotes, et d'avoir été fondée par
lui-même. Après qu'il se fut acquitté de cet impérieux, mais
triste devoir, et qu'il eut reçu à bord quelques colons qui
ne pouvaient se résoudre à passer sous une autre puissance,
il quitta ces contrées, où des ruisseaux se précipitent du
haut des montagnes en cascades naturelles, où des pâtura-
ges fertiles sont émaillés de fleurs, presque toutes inodo-
res, mais brillantes de riches couleurs, où les solitudes ne
sont infestées d'aucun animal nuisible, où les lacs et les
étangs, bien empoisonnés, nourrissent, outre un grand
nombre d'oiseaux utiles, le cygne au cou d'ébène et au plumage d'albâtre, la sarcelle dont le bec est bleu et le ventre

incarnat, le pingoin qui cache dans les déserts l'élégance
de sa démarche, la beauté de ses ailes d'azur, et l'or de son
éclatante palatine. Parvenu en dix-huit jours à Rio-Janeiro,
M. de Bougainville y retrouva la flûte l'*Etoile*, qui, à Monte-Video, s'était séparée de lui. Il recueillit des documents
circonstanciés sur les revenus et le commerce du Brésil.
Après avoir éprouvé d'abord la bienveillance et ensuite la
vexation du vice-roi, il partit de ces parages pour Monte-
Video, ou les retards de l'*Etoile*, qui faisait sept pouces
d'eau par heure, ne lui permirent de mouiller que le 31
juillet, après seize jours de navigation. Il y attendit la fin
de la révolution équinoxiale, et profita de ce séjour pour
faire radouber sa flûte, dont la voie d'eau avait été aug-
mentée par le choc d'un vaisseau espagnol, qui l'avait heur-
tée pendant la nuit. Il eut aussi la précaution de réparer
la *Boudeuse*; et, s'étant approvisionné de tout ce qui lui
était nécessaire pour une si longue navigation, il mit à la
voile le 14 novembre. Mais des orages aussi fréquents que
terribles ne tardèrent point à se déchaîner contre lui ; excepté deux bœufs, une chèvre et un chien, tous les animaux vivants qu'il avait pris à bord, périrent en peu de
temps, et ce n'est qu'au 45e degré de latitude que les courants et les tempêtes lui laissèrent un peu de repos. Le 2
décembre, il découvrit le cap des Vierges, et bientôt après
la Terre de Feu, d'où il pénétra dans le détroit de Magellan qu'après avoir été longtemps en butte aux vents contraires. Quelle ne fut pas sa joie, lorsque, sur une hauteur
dominant la côte du pays des Patagons, il découvrit le pavillon blanc qu'en 1766 l'*Etoile* avait laissé en signe d'alliance à la peuplade de la baie Boucault! Ce garant du
souvenir qu'une nation barbare gardait à des Français;
l'accueil amical que M. de Bougainville en reçut, l'empres-
sement avec lequel plusieurs de ces sauvages entrèrent
dans l'eau jusqu'au genou, afin de suivre encore un peu
de temps les navires qui s'éloignaient, tous ces tou-

chants témoignages d'une affection véritable firent regret-
ter à M. de Bougainville d'abandonner une race d'hommes
que ne distinguent pas moins les qualités du cœur, que la
hauteur de leur stature, la force de leur tempérament,
leur énorme carrure, l'épaisseur de leurs membres, l'agré-
ment de leur figure, la vivacité de leurs yeux et la blan-
cheur de leurs dents. Comme les Francs nos ancêtres, ces
peuples sont dans l'usage d'attacher leurs longs cheveux
au-dessus de leur tête, leur teint est bronzé ; leurs joues
sont quelquefois teintes en rouge, et par la douceur de
leur langage, ils annoncent celle de leur caractère. Quand
il les eut quittés, notre illustre navigateur chercha à sortir
du détroit où il se trouvait ; mais durant cinquante-quatre
jours, ses efforts furent infructueux : l'instabilité et la
violence des vents, le nombre des écueils, la fréquence et
la fureur des tempêtes ; l'obligèrent à de longues relâches
à l'île Sainte-Elisabeth, à la baie Duclos, au port Famine,
à la baie Française, à la baie Bougainville, où tandis qu'on
réparait encore l'*Etoile,* MM. Verron et de Commerson
s'appliquèrent, le premier à l'astronomie, et le second à
la botanique. M. de Bougainville ne quitta cette baie que
pour demeurer vingt-six jours dans le port Galant, où il
vit commencer l'année 1768. Il y trouva des sauvages petits, laids, très-puants et presque nus, sur lesquels il rapporte de curieuses particularités. Enfin, un bon vent du
nord s'étant élevé, il en profita, mit à la voile, et trente-
six heures après, il avait franchi le détroit. Entré dans la
mer du Sud, il eut; ainsi que son équipage, à éprouver de
violents maux de gorge. Le 22 mars, il découvrit une île
bordée d'un sable très-fin et couverte de cocotiers, mais
où les brisants l'empêchèrent de descendre. Il la nomma
île des Lanciers à cause des sauvages qui, la lance à la
main, en parcouraient les rivages. Bientôt il rencontra un
amas d'îles qu'il appela l'*Archipel dangereux.* Dès ce
moment, le scorbut se déclara dans une partie de son

équipage. **Au commencement** d'avril, M. de Bougainville découvrit l'île de Taïti, dont les habitants, par la bienveillante hospitalité qu'ils lui offrirent et les secours dont ils s'empressèrent de l'environner, lui firent, durant neuf jours, perdre le souvenir de toutes ses fatigues. Ces peuples bons et généreux doivent à une vie simple, exempte de travail et adonnée aux plaisirs, un goût prononcé pour la plaisanterie et une grande légèreté de caractère. Ils ont de l'intelligence, fabriquent avec art et délicatesse leurs instruments, et surtout les hameçons faits en nacre. L'écorce d'un arbuste leur sert à tisser une étoffe qu'ils battent avec un morceau de bois équarri et rayé, et à laquelle ils donnent une finesse qui égale celle du papier. Les rois ont seuls le droit de planter un saule pleureur devant leur cabane, qui a quatre-vingts pieds de long sur vingt de large et que décorent deux statues, celles d'un dieu et d'une déesse; placées en face l'une de l'autre sur un piédestal vide, sculpté à jour, ayant sept pieds de hauteur et un de diamètre. Ces divinités ne sont pas les seules qu'adorent ces sauvages; ils reconnaissent un Dieu suprême qu'ils ne représentent sous aucune image, et rendent encore un culte à de bons et à de mauvais génies. Comme les Tyriens, Les Carthaginois, les Gaulois et les Mexicains, les habitants de Taïti offrent à leurs divinités des victimes humaines qu'ils choisissent parmi le peuple. Outre cette dernière classe, on distingue celle des nobles et des grands : la ceinture qui couvre les reins des premiers, et qui, chez les seconds, se place au-dessous des bras, est l'unique insigne de leur dignité. Ces insulaires ne sont pas étrangers à l'astronomie : le jour, ils se servent du soleil, et la nuit, des étoiles, pour se guider durant leur navigation, qui se prolonge parfois jusqu'à une distance de trois cents lieues.

Bien qu'ils aient le même langage et les mêmes mœurs, ils se divisent cependant en deux races : ceux qui appartiennent à la première sont les plus nombreux, les plus

grands, les mieux proportionnés, et ne diffèrent en rien
des habitants de l'Europe, qu'ils égaleraient même en blan-
cheur, s'ils étaient moins exposés à l'action de l'air et du
soleil. Les hommes de la seconde race ont une taille mé-
diocre, les cheveux crépus et noirs, le teint pareil à celui
des mulâtres. Les uns et les autres sont fort robustes. Les
principaux d'entre eux se couvrent d'une grande pièce
d'étoffe. Les femmes, dont la beauté ne le cède point à celle
des européennes, sont vêtues comme leurs hommes ; elles
se coiffent d'un petit chapeau de cannes orné de fleurs ;
leurs oreilles sont ornées de grosses perles ; les filles ne
mangent jamais de viande et ne boivent que de l'eau ; les
femmes vivent dans une continuelle oisiveté ; elles doivent
à leurs époux une entière soumission, elles les servent à
table et n'y prennent place qu'après eux. La langue des
Taïtiens est douce, harmonieuse, facile à prononcer, et
entièrement dépourvue d'aspiration ; aussi sont-ils dans
l'impossibilité absolue d'apprendre nos idiomes ; mais ni
cette douceur de langage, ni l'aménité et le zèle obligeant
dont ces insulaires firent preuve à l'égard de M. de Bougainville, n'empêchent qu'ils ne se montrent implacables
et cruels envers les habitants des îles voisines contre lesquels ils sont toujours en guerre et à qui ils arrachent la
peau du menton avec la barbe pour s'en faire un trophée.
Le climat de Taïti est chaud, mais tempéré par une agréable fraîcheur qui ne dégénère jamais en humidité. Le sol
est arrosé par de petites rivières qui le fertilisent, et par-
semé de hautes montagnes dont les points de vue varient à
chaque pas. Le coco, la banane, le fruit à pain, l'igname, le
currasol, le giraumon et mille autres productions particu-
lières à ce pays en nourrissent les habitants. Le cèdre fournit à la construction de leurs pirogues, et leurs piques sont
faites d'un bois aussi dur que le bois de fer.

Durant le séjour de M. de Bougainville à Taïti, les scor-
butiques que comptait son équipage se rétablirent ; et, après

avoir couru plusieurs fois le risque d'un naufrage, il mit à
la voile le 14 avril. Depuis cette époque jusqu'au 11 mai
qu'il découvrit un îlot auquel il donna le nom de l'*Enfant
perdu*, notre hardi marin, outre plusieurs îles, en vit deux
grandes; il ne put aborder à la première à cause du vent
qui lui manqua, mais il fit des échanges avec les habitants
dont les pirogues s'approchèrent de ses vaisseaux. Les
nuances rouges, brunes et noires de leurs étoffes, leurs
hameçons faits sans art et avec des arrêtes de poisson,
leurs repoussantes physionomies, leurs tentatives pour
tromper les Européens, ne donnèrent une favorable opinion ni de leur bon goût, ni de leur adresse, ni de leur
urbanité, ni de leur bonne foi. La seconde de ces deux îles
n'offrit aucun mouillage. Il s'en présenta quelques autres,
et M. de Bougainville nomma cette partie de la mer du
Sud l'*Archipel des navigateurs*. Le scorbut qui reparais-
sait avec plus de violence, le défaut de vivres et le manque
d'eau lui faisaient désirer la rencontre d'une île où il pût
séjourner. Il en aperçut bientôt trois : l'*Aurore*, le *Pic de
l'Etoile* et l'*île des Lépreux*.

Il relâcha dans cette dernière. Les sauvages qui en habi-
taient les bords s'opposèrent à son débarquement, mais ils y
consentirent ensuite, séduits par quelques morceaux d'étoffes
rouges, et aidèrent même nos marins à abattre des arbres et
à chercher des fruits, mais ils ne les virent pas plutôt en mer
qu'ils les poursuivirent d'une grêle de flèches et de pierres.
C'est à la lèpre qui dévore ces habitants que cette île doit
son nom. Après avoir fait quelques remarques sur la cons-
titution physique, les mœurs, les habitudes de ces peuples
et sur les productions de son pays, M. de Bougainville mit
à la voile et découvrit l'*Archipel des grandes Cyclades*, où
ses canots, qu'il avait envoyés à terre, eurent à essuyer et
à repousser l'agression de quelques nègres. En suivant de
là le même parallèle, il s'assura que cet archipel ne forme
pas un continent avec la Nouvelle-Guinée.

Cependant il n'avait plus de pain que pour un mois, de
légumes que pour quarante jours, et la viande salée infectait.
Le 10 juin, une odeur délicieuse lui annonça l'approche de la
terre et il ne tarda point à l'apercevoir ; mais la situation où il
se trouvait, ne lui permettait point de la visiter ; il lui fallait même sortir du vaste golfe que cette terre formait devant lui. Les vents du sud soufflèrent alors, le poussèrent
vers ces côtes, et le forcèrent de passer la nuit à trois quarts
de lieue de quelques écueils. Les jours suivants, sa position
fut encore plus affreuse : le vent, la pluie, une brume
épaisse, une mer agitée, tout en un mot sembla se liguer
contre lui. Le 16, le ciel s'éclaircit, et nos navigateurs purent reprendre et continuer leur route. Toutefois, la faim
leur livrait une guerre de plus en plus cruelle : ils dimi-
nuèrent les rations de pain et de légumes ; ils défendirent
de manger les vieux cuirs dont on enveloppe les vergues.
Il restait une chèvre, compagne fidèle de leurs aventures,
depuis leur départ des îles Malouines, et chaque jour elle
leur donnait un peu de lait. Ce n'était pas assez, et l'on
résolut de la manger elle-même ; le boucher qui la nour-
rissait depuis si longtemps, arrosa de ses larmes sa victime,
qu'il immolait à la faim de tout l'équipage ; et un jeune
chien, pris dans le détroit de Magellan, eut bientôt le même
sort.

Le 25, ils aperçurent un promontoire qu'ils cherchaient
depuis longtemps, et qu'ils appelèrent le *Cap de la Délivrance* : le golfe dont il fait la pointe orientale fut nommé
golfe de la *Louisiade*. Plusieurs îles s'offrirent à leurs regards ; mais l'une avait des côtes trop escarpées pour leur
faciliter un débarquement ; d'une autre sortirent des nègres qui, venus pour les attaquer, prirent la fuite après
avoir essuyé deux décharges de mousqueterie et abandonnèrent une pirogue où était une mâchoire d'homme à demi-
grillée ; les habitants d'une troisième île parurent d'abord

animés de sentiments hospitaliers; mais ils laissèrent bientôt éclater des dispositions hostiles; enfin, le 5 juillet, M. de Bougainville découvrit une île déserte où il se reposa dix-neuf jours, fit laver le linge des équipages, vit une éclipse de soleil, trouva des pigeons d'un plumage vert-doré, des tourterelles, des veuves, des perroquets, des oiseaux couronnés, quelques tortues, ainsi que des serpents et des insectes venimeux. Il y éprouva un tremblement de terre qui dura deux minutes. La disette qui se faisait sentir plus vivement que jamais, l'excitait à mettre à la voile, tandis que des orages continuels l'en empêchaient. Le beau temps ayant reparu le 24, la *Boudeuse* et l'*Etoile* se remirent en mer. Des sauvages agiles, robustes, à chevelure laineuse et Noire, vinrent de la Nouvelle - Bretagne lancer des flèches et des pierres; une fusillade les mit en fuite.

Après une navigation lente et périlleuse durant laquelle notre navigateur découvrit et nomma l'*île des Anachorètes*, l'*Echiquier*, les *deux Cyclopes*, le *Géant Moulineau*, la *Nymphe Alie*, le *Passage des Français*, le *Gros Thomas*, la *Boudeuse et l'Etoile*, louvoyèrent entre l'île de *Bonao* et celles de *Kalang* et *Manipa*, d'où elles arrivèrent à Boero. Alléguant les ordres du gouverneur d'Amboine, l'officier hollandais qui commandait à Boero, n'y voulut admettre les deux vaisseaux français que lorsque M. Bougainville lui eût remis par écrit, ses motifs pour y séjourner. Ces motifs n'étaient que trop puissants; pas un seul des hommes, dont se composaient les deux équipages, n'était exempt du scorbut, et leur navigation, en se prolongeant encore quelques jours de plus, en aurait fait périr la plupart, lors même que la putréfaction de leur nourriture n'eût point précipité la fin de leurs jours.

M. de Bougainville profita des quatre jours qu'il passa à Boero pour obtenir de précieuses informations sur le gouvernement, la géographie, la population, les productions de cette île, où mûrissent, sans culture, le coco, la banane, la pampelmousse, le citron, l'orange et l'ananas. Le 7 du mois de septembre, il mit à la voile; le 9, il vit l'île de Xullabessie; le 11, celle de Wawoni, d'où il arriva sur les côtes de Pengasani. La marée lui étant devenue contraire, il y jeta l'ancre; et, en distribuant aux Indiens qui le vinrent trouver en pirogues, de l'argent de Hollande et des couteaux à manche rouge, il en obtint des poules, des œufs, des bananes, des perruches et des catakois. Il remit ensuite à la voile, fut longtemps retardé par les courants et par les vents contraires, et parvint à mouiller dans la baie de Bulton, sous le poste hollandais. Il y recommença ses échanges avec les Indiens, et y reçut la visite de quelques *Orencaies*, ou princes de ce pays, feudataires du roi de Bulton; ces Orencaies, en apportant un chevreuil à M. de Bougainville, lui dirent *qu'ils offraient leurs hommages à la France*. On leur fit présent de quelques étoffes de soie. En continuant sa route le long de la côte de Célèbes, notre navigateur découvrit, le 23, l'île de Maduré, et le 27 il mouilla devant Batavia, où, le 28, il débarqua et logea ses malades, après en avoir obtenu la permission du gouverneur hollandais. Il consacra huit ou dix jours à examiner cette ville, à en connaître la population, le commerce et le gouvernement. Il ne négligea pas non plus de prendre des informations sur les possessions hollandaises tant à Java que dans les îles voisines, et généralement sur tout ce qui concerne les Moluques.

Mais, s'étant aperçu que l'insalubrité du climat y donnait naissance à des maladies dont son équipage ressentait déjà les funestes atteintes, M. de Bougainville se hâta de tout disposer pour son départ et mit à la voile le 16 octobre. Parvenu en vue de l'Ile-de-France; il laissa quarante-cinq pieds de sa fausse quille dans la baie des *Tombeaux*, contre laquelle le fit échouer l'inexpérience du pilote qu'on lui avait envoyé de cette île. Il en repartit, et arriva le 9 janvier 1769, au cap de Bonne-Espérance. Les établissements et les productions de cette contrée attirèrent son attention et trouvèrent place dans son journal. Il mit à la voile le 17 janvier; il arriva le 4 mars en vue de Tercère, où un coup de vent lui déchira une voile; et le 16, il entra dans le port de Saint-Malo, après une navigation de deux ans et quatre mois.

Les brillantes et nombreuses qualités que firent éclater M. de Bougainville et son équipage, ne trouveront pas ici ces vains et frivoles éloges, accessoires indispensables à des actions ordinaires, mais qui déprécient toujours les grandes et héroïques entreprises. C'est le simple et sincère récit de tout ce qu'ont souffert ces illustres marins, qui seul les louera dignement; et les glorieux souvenirs qu'en gardera éternellement la France, leur rendra, au tribunal de la postérité, un témoignage plus beau que les plus pompeux panégyriques.

VOYAGES DU CHEVALIER DE PAGÈS, CAPITAINE DE VAISSEAU.

Parmi les navigateurs qui ont le plus illustré la marine française, nous ne devons pas omettre le chevalier Pagès. Par trois expéditions commencées et mises à fin depuis 1767 jusqu'en 1776, cet officier s'est acquis des droits à l'estime des savants, à la reconnaissance de sa patrie, au souvenir de la postérité. Le premier de ces voyages avait pour but de visiter les mers de l'Inde en s'y rendant par l'ouest, de traverser la Chine, et aller par la Tartarie dans la mer du Kamtschatka, et de trouver un passage par terre entre le nord du vieux continent et la partie septentrionale du nouveau monde. Dans cette intention, Pagès, qui

avait déjà passé de Rochefort à Saint-Domingue, partit du
Cap-Français pour la Nouvelle-Orléans, le dernier de juin
1767. Par le canal de Cuba et celui de Bahama, il se rendit
à l'embouchure de sud-est du Mississipi, dont les belles
eaux ne perdent leur couleur blanchâtre et leur douceur
qu'à deux ou trois lieues dans la mer. Le cours libre et assez
régulier de ce fleuve est au moins de deux lieues et et demie
par heure. Ce qui en rendit surtout la navigation désagréable à notre voyageur, ce fut une quantité prodigieuse de
mouches dont la piqûre cause différentes sortes de douleurs selon les diverses variétés de ces insectes. A dix lieues
de l'embouchure du Mississipi est la séparation de la bran-
che sur laquelle Pagès s'était embarqué. Un peu plus haut,
il vit les marais aux huîtres. Les écailles en sont d'une
grosseur prodigieuse et servent à faire de la chaux, car il
n'y a pas de pierre dans ce pays. En avançant, on vit les
rives du fleuve se couvrir d'épais ombrages, qu'embellis-
sent une multitude de cygnes et de cardinaux ; ces derniers
par la beauté de leur ramage, les uns et les autres par la
vivacité de leurs couleurs ne le cèdent à aucun des oiseaux
de l'Europe. Bientôt, notre voyageur découvrit d'immenses plantations de maïs et de nombreuses habitations ; cel-
les-ci sont élevées de quelques pieds au-dessus du sol, afin
qu'elles soient à l'abri de l'humidité et des serpents, bien
que ces reptiles ne soient pas fort dangereux dans ces contrées.

Le 28 juillet, le chevalier de Pagès mouilla vis-à-vis de
la Nouvelle-Orléans, à trente lieues de l'embouchure du
Mississipi. Cette ville n'est la résidence ordinaire que des
marchands, des officiers du gouvernement. Les commerçants et les colons n'y demeurent que momentanément.
Parmi les habitants de la Louisiane, les uns errent sur le
bord de la mer pour y tuer des oiseaux aquatiques et en
extraire l'huile ; les autres s'avancent à quatre ou cinq cents
lieues dans les terres pour chasser l'ours, le chevreuil, ou

le bœuf illinois, dont ils rapportent la peau, la graisse et les viandes boucanées; d'autres travaillent dans les forêts les bois de cèdre, de cyprès et d'érable, dont cette colonie fait un grand commerce avec les iles de l'Amérique. Voyagent-ils par terre, ils ne se nourrissent que du produit de leur chasse, et n'ont pour vêtement qu'une chemise flottante et une ceinture de drap. Sur l'eau, ils se servent de pirogues pour transporter leur famille au lieu de leur chasse ou de leur traite; là, une cabane de branches d'arbres enduites de limon compose tout leur logement.

Après s'être reposé six jours à la Nouvelle-Orléans, le chevalier de Pagès en repartit, le 4 du mois d'août, pour se rendre à la Nouvelle-Espagne en passant par le pays des Nachitoches et celui des Adaès; et, comme il lui aurait été impossible de faire ce trajet par terre, il se rembarqua sur le Mississipi. Durant cette navigation, ce ne furent plus les piqûres d'une infinités d'insectes qu'eut à redouter notre voyageur, ce fut de véritables dangers. Ils étaient produits par la quantité d'arbres que le fleuve roule dans ses eaux, ou dont les branches, s'embarrassant dans les vases et sur les bords, faisaient sans cesse redouter un naufrage et bornaient à quatre lieues l'espace que la pirogue parcourait chaque jour. Néanmoins, à force de persévérance et de fatigues, on parvint aux bornes de la Louisiane. On aperçut ensuite un établissement français situé sur la rive droite du fleuve; puis, sur le côté opposé, une peuplade sauvage, où le chevalier de Pagès se reposa quelques jours. Pendant l'été, ces Indiens cultivent du maïs; l'hiver, ils se nourrissent du produit de leur chasse, dont ils vendent le superflu aux Européens; ils se louent pour travailler; et, deux des rameurs du chevalier de Pagès étant tombés malades, deux de ces Indiens les remplacèrent. Ce ne fut pas toutefois sans beaucoup de peine que l'un dés deux y consentit; tendrement attaché à sa jeune compagne, il s'échappait à tout moment pour aller

la retrouver ; cétaient des changements d'avis continuels;
c'étaienttous les jours de nouveaux repas de maïs pilé dans
des morceaux d'arbres creux et bouilli avec des pêches. Enfin, il n'y eut que l'appât d'une couverture pour lui et d'un
morceau de drap rouge pour sa femme, qui parvînt à l'emporter sur leur tendresse. Cependant, pour leur épargner
de nouvelles tentations, notre voyageur éloigna de leur cabane sa pirogue, en la trasportant à l'autre extrémité du
village. Ce village a soixante cabanes; elles sont faites de gros
arbres, qui, plantés en rond, viennent se joindre par le
haut en forme de cône : le peu de distance que leur rondeur
ou leurs inégalités laissent entre eux est rempli par des
branches; le tout, solidement lié et enduit de limon, ne permet point de passage à la pluie. A l'exception de l'espace qui
forme une petite porte d'entrée, la cabane est garnie dans
sa rondeur, d'un large banc composé de petits arbres rangés
tout près les uns des autres ; on les couvre d'une natte de
roseaux , et c'est sur cette espèce de lit que les Indiens
prennent leur sommeil. Le feu se fait au milieu de la cabane, et la fumée sort par la porte, ou par une ouverture pra-
tiquée dans le haut, à la jonction des arbres. Les habitations des chefs ont, à trois ou quatre pas de distance, vis-à-
vis de la porte, une autre hutte ouverte, qui sert à prendre
l'air et à se mettre à l'abri du soleil. Celle-ci est simplement
couverte de feuillages et de roseaux soutenus par quatre ou
six piliers, et c'est le lieu d'assemblée de la nation. Ces
sauvages y reçoivent les étrangers , et y passent leur temps
de délassement à dormir ou à fumer avec leur casse-tête.
Cette arme est une sorte de hache, dont le manche, ordinairement creux, communique au dos de la hache,
sur lequel est formé en fer un noyau de pipe. Ces sauvages
se distinguent par leur tendresse conjugale et par leur
respect pour les vieillards; à la chasse, ils sont pleins d'a-
dresse, à la guerre pleins d'intrépidité. Leur mœurs sont
douces et hospitalières. Les premiers d'entr'eux qui aperçoi-

vent des étrangers les annoncent en poussant un cri ;
aussitôt le chef et les principaux habitants se rassemblent
chacun à la porte de sa cabane, et députent l'un des leurs
vers les nouveaux arrivants. Ceux-ci leur offrent une bou-
teille de tafia, et reçoivent en échange une grande quantité de volailles, de poissons et de fruits.

Les femmes de ces Indiens s'occupent de la culture des
terres, des soins du ménage, du transport des effets durant
les voyages de long cours, et de l'apprêt de ce que la chasse et la pêche ont produit.

Après s'être reposé de ses fatigues, le chevalier de
Pagès se rembarqua sur le Mississipi ; il navigua, dans le
nord, l'espace de quatre-vingts lieues, et parvint à l'embouchure de la Rivière-Rouge, dans laquelle il entra,
parce que les Nachitoches habitent dans l'un des cantons
qu'elle arrose. C'est ici que des difficultés de tout genre vinrent en foule assaillir notre voyageur. Lorsqu'il eut dépassé
l'embouchure de la Rivière-Noire, et qu'il eut vogué encore
quelques jours, il arriva à une petite chute de huit pieds.

Un Français, qui habitait dans ce lieu et qui s'était
marié avec une Américaine de ces contrées, consentit à
piloter la pirogue, qu'il fallut décharger, et que des sauvages, venus d'un village voisin, aidèrent à remonter à
travers une espèce de glacis formé par le lit de la rivière
et par la chute de l'eau. Deux autres chutes obligèrent de
recommencer encore deux fois le même ouvrage, et exi-
gèrent du chevalier de Pagès, de ses rameurs et de ses
guides des efforts sans cesse renouvelés. Pour comble de
malheur, ils ne pouvaient dormir sur le bord de la rivière,
qui est couvert d'une vase mal desséchée, et où pullulent
toutes sortes d'insectes. Souvent même ils y étaient visités
par des caïmans, qui, venant dévorer les restes de leurs
repas, répandaient une odeur dont l'infection ne tarda
point à corrompre les vivres de nos voyageurs. Ceux-ci,
après avoir surmonté tous ces obstacles, souffert tous ces

désagréments, enduré toutes ces fatigues, parvinrent à
un lac qui n'avait qu'un demi-pied d'eau sur une vase
extrêmement délayée et remplie de racines d'arbres. Il
fallut descendre dans le fleuve et pousser la pirogue avec
des peines inconcevables. Malgré les avis du pilote et
l'attention qu'on mettait à les suivre, l'embarcation donnait à chaque instant sur des tronçons d'arbres, où elle
restait comme sur un pivot. On ne l'en retirait qu'à force
de bras, en se mettant, jusqu'à la ceinture, dans la vase,
d'où l'on ne sortait jamais sans quelques entailles faites
aux jambes ou aux cuisses par des racines ou des coquilles.

Quand on eût passé ce lac, on trouva un courant aussi
dangereux que rapide. Pour peu que la pirogue ne se fût pas
présentée au droit fil de la direction de l'eau, les voyageurs
auraient péri sans ressource. Deux jours après, c'était le
2 septembre, on arriva au grand embarras ; ici, la rivière
coule à travers des monceaux de gros arbres qui ont barré
le passage, ou formé des îlots, accrus par le charroi de la
rivière. Comme il fallait trop de temps pour se frayer un
chemin à coups de hache, le chevalier de Pagès se rendit à
pied à Nachitoches, d'où il n'était éloigné que de deux
lieues. Il y logea chez le propriétaire de sa pirogue et y
fut si mal sous tous les rapports qu'il regretta le biscuit
infect auquel il avait été réduit pendant sa route. Après
avoir séjourné trois jours dans ce poste, qui appartenait
alors aux Français, il en repartit, sous la conduite d'un
créole espagnol, afin de se rendre aux Adaès. Les inégalités du sol, l'embarras que produisaient les arbres tombés
par pourriture ou par vétusté, et l'obscurité des bois l'éga-
rèrent souvent et furent cause qu'il n'arriva au terme de
son voyage que le lendemain de son départ.

Il s'établit d'abord chez un sauvage baptisé, mais le
peu de nourriture que son hôte eut à lui offrir, le contraignit bientôt à se loger chez un chef de soldats. Bien que
la disette se fît moins sentir dans cette seconde habitation

que dans la première, notre voyageur y éprouva quelquefois les atteintes de la faim. Après avoir étudié en détail les
mœurs et les coutumes des Espagnols qui occupent ce poste, il se disposa à continuer sa route vers Mexico. Il en était
encore à cinq cent cinquante lieues, et il en avait deux
cent cinquante à franchir pour arriver à l'établissement
espagnol le plus voisin, à travers un chemin fort difficile
et coupé de beaucoup de rivières dont le passage est
fort dangereux. Comme on ne pouvait faire ce trajet
sans péril qu'avec une caravane de dix ou douze hommes,
le chevalier de Pagès résolut d'aller joindre celle de l'ancien gouverneur de la province, qui, rappelé à Mexico,
était tombé malade à la mission de Naquadoch. Pour faire cette route, qui n'était que de cinquante lieues, notre
voyageur acheta un cheval et partit avec quelques soldats
appartenant à l'escorte de l'ancien gouverneur et venus
pour chercher des provisions. Bientôt il s'aperçut qu'il
avait été volé par son guide; mais ce désagrément ne fut
pas le seul qu'il eut à supporter. L'excès des fatigues qu'il
n'avait cessé d'essuyer, la nécessité de coucher presque
toujours en plein air, et la fraîcheur des nuits succé-
dant à la chaleur du jour, lui causèrent une fièvre
violente. Ce ne fut que par une sorte de prodige qu'il ne
se rompit pas vingt fois le cou, soit en tombant de cheval, soit an s'accrochant aux branches des arbres qui
étaient sur son sentier. Lorsque l'accès le prenait, le
tournoiement de tête lui ôtait l'usage de ses sens; la
pensée seule lui restait, et il lui était impossible de s'arrêter, car il fallait arriver le soir aux ruisseaux où se
trouvaient l'eau et l'herbe nécessaires aux chevaux de la
caravane. Arrivé à Naquadoch, il se reposa et recouvra la
santé. Mais, ayant négligé de prendre des vivres aux Adaès, il fut obligé d'y retourner seul pour s'en approvisionner. Au retour de cette nouvelle course, qui ne fut exempte
ni de fatigues ni de périls, il partit, le 2 novembre, avec

l'ancien gouverneur, qui emmenait à sa suite quinze personnes, vingt mules chargées et deux cents mulets ou chevaux de rechange. Bientôt, on aperçut deux ou trois vilages d'Indiens, nommés *Tegas de San-Pedro,*

On vit quelques-uns de ces sauvages : leur corsage est grand et nerveux ; ils courent à cheval ventre à terre, portant leur fusil le long de l'avant bras et une pièce de drap ou une couverture en écharpe flottant au gré du vent ; quelques-uns avaient en croupe leurs femmes et leur filles. Huit jours après, on arriva à la rivière de la Trinité, que l'on traversa sur trois files, en mettant les bêtes de charge au milieu et les cavaliers des deux côtés. Mais le passage de toutes les autres rivières et des grands ruisseaux donna bien plus de peine. Quand ils ne se trouvaient pas guéables, on coupait des arbres dont on formait des radeaux attachés avec le licou des mules, et sur lesquels on mettait les bagages. En avant de ces radeaux, un bon nageur se dirigeait avec une corde qu'il tenait entre les dents ; en arrière et de chaque côté deux autres nageurs faisaient suivre cette corde à ces légères embarcations, et secondaient le courant qui les poussait vers la rive opposée ; les mules passaient ensuite plus aisément. Quelquefois les lits profonds et les bords vaseux des rivières obligeaient de pratiquer la descente à coups de bêche, ou de transporter sur la vase des fascines et de la terre. En outre, il fallait parfois y porter d'assez loin les effets qu'on avait laissés sur des endroits secs. Le même travail recommençait sur l'autre bord, et souvent des ruisseaux étroits et vaseux arrêtaient deux ou trois jours. Le seul dédommagement à tant de fatigues était la chasse des coqs d'Inde, des bœufs et des chevreuils : on trouvait aussi des ours dont la chair est excellente. Quoique le chevalier de Pagès aimât mieux faire usage de la viande que de la farine de maïs, son estomac fatigué ne s'accommodait ni de l'une ni de l'autre. Il les mangeait séparément, ménageant la farine pour les repas où il n'avait pas de viande. Il aurait eu besoin de mêler les deux nourritures ; mais la prudence ne le lui permettait pas, et l'empêchait même de satisfaire son appétit.

Après avoir traversé le Colorado, ou Rivière Rouge, et la Guadeloupe, la caravane arriva, le dernier jour de novembre, a San-Antonio. Notre voyageur s'y logea chez un bon Indien qui s'était attiré son affection par la patience et le désintéressement avec lesquels il lui avait rendu service depuis son départ des Adaès. Les manières du Français convenaient à l'Américain, qui, lui soupçonnant de l'argent, n'aurait pas été fâché de lui voir épouser une de ses filles. Mais, quoiqu'il n'y en eût pas une seule qui, par son caractère et par sa beauté, ne méritât de fixer le chevalier de Pagès, et bien qu'il sentît le prix des mœurs douces et pures de la liberté, une pauvreté honnête et une pieuse éducation donnaient à ces bonnes gens, il était trop vivement épris des charmes de la science et du désir d'en accélérer les progrès pour que toute autre passion trouvât cette place dans son cœur. Aussi, lorsqu'il eut recueilli sur ces contrées et leurs habitants tous les renseignements qu'on put lui fournir, il paya ses dépenses avec son linge, qui était de plus commode valeur que l'argent; et, à la suite de la caravane, il se remit en route le 27 décembre. Après une marche de quatre-vingts lieues, il parvint au village de la Rhéda, sur les bords du Rio-Bravo, qu'il passa sur une barque et au-delà duquel il voyagea à travers une campagne bien cultivée. Quand il eut franchi le cours rapide et rocailleux de la *Rivière Salée*, il ne trouva pour se désaltérer que des eaux minérales qui n'incommodèrent pas moins les chevaux que les cavaliers. Il parcourut ensuite une plaine hérissée de plantes épineuses dont les piqûres causaient d'assez vives douleurs. Les états des Indiens policés, que les Espagnols conquirent à la mort de Montézuma, commencent à la *Rivière Salée*. On

5.

rencontra peu après le village de la Caldéra. Lorsqu'on
eut laissé à l'ouest le poste de Cuvilla, on eut a parcourir
vingt lieues de terrain désert à travers de hautes montagnes; après quoi, l'on découvrit, dans une plaine belle et
bien cultivée, la ville du Sartille, où l'on arriva le 20 janvier 1768. Ce fut là que, pour la première fois depuis son
départ de la Louisiane, le chevalier de Pagès mangea du
du pain de froment. Pendant son séjour, il vit célébrer la
fête de la Chandeleur qui est aussi celle de la fête de la
ville. Après la messe, on fit en pompe une procession avec
l'image de la Vierge, qu'on alla déposer sur un théâtre
élevé à côté d'un cirque servant aux combats des tau-
reaux. Après la *sieste*, on ouvrit ces combats par des fanfa-
res que jouaient des instruments placés aux côtés de l'i-
mage de la Vierge; ce divertissement dura jusqu'à la nuit
ensuite on acheva la procession en reportant l'image dans
l'église. Le lendemain, commença une foire bien pourvue
de sucreries, de vins, de pâtisseries, et autres friandises.
Notre voyageur trouva singulier de voir les Espagnols
porter la froideur à l'excès envers leurs femmes. L'une
d'elles, qui lui avait paru avoir du bon sens, se plaignit
de ce que son mari n'était pas assez galant pour vendre un
couteau de chasse qui lui restait, et pour en employer
l'argent pour la régaler de sucreries à la foire.

Ayant congédié les Indiens qui l'avaient suivi jusque-là,
le chevalier de Pagès partit du Sartille le 10 février 1768.
Il était toujours à la suite de l'ancien gouverneur. Bientôt,
il eut à marcher pendant trois jours sur une poussière aussi
corrosive que de la chaux. Durant cette traversée, il ne
trouva d'eau que celle des puits qui sont très profonds. On
paie pour leur entretien l'eau qu'on y prend; elle est sau-
mâtre et d'un mauvais goût; souvent même l'on fait sept
ou huit lieues sans en rencontrer. Après huit jours de marche, on arriva à Charcas. L'ancien gouverneur y tomba
malade, et le chevalier de Pagès fut obligé de l'y laisser

pour ne pas arriver trop tard à Acapulo ; car il s'en trouvait encore à deux cent cinquante lieues, et il savait que le
galion de Manille, sur lequel il voulait s'embarquer, était
déjà rendu dans ce port et en devait repartir dans six semaines. Il se mit donc en route, seul avec son guide. Comme
la probité de cet homme lui était fort suspecte, il le faisait
coucher tous les soirs dans les hôtelleries qu'il rencontrait,
tandis qu'il passait la nuit en plein air au pied des piquets
auxquels il avait attaché ses chevaux. Le lendemain de son
départ du Sartille, il arriva à San-Louis-Potosi, ville célèbre par ses mines d'or et d'argent. Il y séjourna deux jours;
et quatre jours après, il parvint à San-Miguel-el-Grande,
ville belle, et située sur le penchant d'une colline. Enfin,
le 28 février, après avoir fait, depuis le Sartille, cent-cin-
quante lieues de route dans le Sud, il découvrit un très
grand lac, d'où, comme une masse immense, s'élève la ville
de Mexico. Cette capitale ne tient à la terre que par les chaus-
sées qui y conduisent. Elles sont au nombre de six et ont
chacune une lieue de longueur sur une largeur de cent pieds;
on y remarque des arcades de distance en distance pour
donner un libre cours aux eaux du lac. Mexico peut avoir
six lieues de tour et n'est fermée que par des barrières. Le
lac lui tient lieu de fortifications, car il est impossible de
le passer à gué, à cause de la vase, et il n'y a pas assez de
bois dans le pays pour construire un grand nombre de bateaux. Après avoir examiné et admiré en détail la magni-
ficence de cette opulente capitale, le chevalier de Pagès se
disposa à poursuivre son voyage vers Acapulco. Abandonné
par son guide, qui le quitta en lui dérobant un cheval, il
fut obligé de se remettre seul en route. Il ne lui arriva
d'abord rien de remarquable. Quand il ne se trouva plus
qu'à douze lieues d'Acapulco, il prit un nouveau guide,
afin de continuer à marcher durant la nuit et d'arriver le
lendemain au but immédiat qu'il s'était proposé. Mais à
peine avait-il fait six lieues que l'Indien qui s'était chargé

de le conduire, se prétendit fort fatigué et lui demanda
quelque relâche. M. de Pagès y consentit; et, pour ne pas
perdre un temps précieux, il poursuivit sa marche, car il
savait qu'on avait vu passer depuis deux jours le courrier
qui apportait les dernières instructions du vice-roi pour
le départ du galion. Ce n'était donc pas sans de bien vives
craintes qu'il s'avançait au terme de son voyage, à travers
un chemin difficile et par une nuit extrêmement obscure.
Aussi, quelles actions de grâces ne rendit-il pas au ciel,
lorsque, parvenu à une heure du matin au sommet
d'une montagne, il entendit le bruit des flots se bri-
sant contre le rivage, et que, bientôt après, il aperçut la
mer et le vaisseau après lequel il soupirait depuis si long
temps. Enfin, vers les six heures, ayant parcouru huit
cents lieues environ depuis son départ de la Nouvelle-Orléans, il arriva au port d'Acapulco. C'est une mauvaise
bourgade, presqu'entièrement peuplée de nègres, mais
dont la rade est belle, sûre et vaste. Pendant le séjour
qu'y fit M. de Pagès, il y ressentit trois secousses de tremblement de terre, dont la première fut la plus considérable.

Ce fut le 2 avril 1768 que, s'étant embarqué sur le galion, il partit pour Manille. Il est difficile d'exprimer la
confusion qui régnait dans ce navire. Il n'était que de
cinq cents tonneaux et portait, outre son équipage, une
multitude de passagers appartenant à toutes les classes de
la société. Les commis et les officiers du vaisseau, qui s'y
trouvent aussi en fort grand nombre, ne sont point marins,
ils achètent leur place à chaque traversée pour en retirer
les appointements qui sont fort considérables, et pour faire
un grand commerce; les seuls pilotes, qui ont le grade
d'officiers-majors, entendent la navigation. Le chevalier
de Pagès s'arrangea pour manger avec un d'entre eux; il
n'avait pas eu le temps de s'approvisionner à Acapulco, et
dans le galion, chacun embarque ses vivres et mange à

part. De là naît une confusion étonnante qu'augmente encore le nombre des serviteurs, beaucoup plus grand que celui des maîtres.

Après soixante-huit jours de navigation, on découvrit les montagnes qui sont à l'est-nord-est de l'île de Guam, la seule des Mariannes qui soit fréquentée par les Espagnols. Le galion y conduisait un nouveau gouverneur et mouilla, le 10 juin, dans la partie méridionale de cette île. Quand on eut fait de l'eau, pris des rafraîchissements, laissé à terre le nouveau gouverneur, et embarqué celui qui l'avait précédé, on remit à la voile. A des calmes qui augmentèrent du 20 au 25 juin, succédèrent des vents violents et de fréquents orages ; ce qui força d'hiverner dans l'île de Samar, où l'on relâcha le premier août, au mouillage de Palapa, près du cap du *Spiritu-Sancto*. Le galion fut aussitôt entouré par quantité de bateaux du pays et par plusieurs petits vaisseaux nommés *Champans*, qui apportaient des rafraîchissements et des vivres. Les passagers les dévorèrent, car ils n'avaient tous eu, depuis le premier coup de vent, que huit onces de biscuit par jour, et de l'eau de pluie gâtée par l'eau de la mer, lorsque la lame rompait le bord. Dès le mouillage, le chevalier de Pagès tenta de se rendre à Manille par terre, car la pointe ouest de l'île de Samar n'est éloignée de la pointe orientale de l'île de Luçon que par un passage de cinq à six lieues. Notre voyageur descendit donc dans une pirogue dont les Indiens avaient consenti à le recevoir, et il vogua à l'ouest pour joindre la pointe d'une île qu'il voyait devant lui. Bientôt s'éleva un orage qui finit par une pluie si abondante qu'elle remplit la pirogue. On fut obligé de vider l'eau. En peu de temps, on relâcha à la pointe vers laquelle on tendait. L'on y trouva quantité d'autres pirogues et une multitude d'Indiens. Les uns s'étaient dépouillés de leur chemise pour ne pas la mouiller, et avaient roulé leurs larges culottes jusqu'à la ceinture, où

elles étaient repliées. Les autres étaient vêtus d'une espèce de corset commençant sous les bras et finissant à
mi-cuisses; un grand rochet leur couvrait les bras et les
épaules; le tout était formé par plusieurs couches de cette
toile brune et rude que la nature ourdit des fibres du co-
cotier et qui se trouve attachée au corps et entre les branches de l'arbre. Ils avaient la tête couverte d'une espèce
de plateau un peu convexe et fait de feuilles de Nipe, ar-
rangées par la racine autour d'un cerceau de trois pieds
de diamètre ; ces feuilles venaient se joindre au centre
par leur pointe ; une bande de peau de Routan, attachée
en rond au-dessous de ce plateau, faisait la forme de cette
espèce de chapeau. Ces Indiens étaient armés d'un couteau
de chasse à lame serpentée, nommé *Cris* ou *campilan* ; ils
portaient au bras un long bouclier de bois pouvant ga-
rantir tout le corps. Ils faisaient derrière ce bouclier cent
contorsions différentes, en feignant de combattre et d'é-
viter des blessures. Au milieu du fracas produit par l'orage, ils paraissaient transportés d'une joie qui n'était pas
sans inspirer quelque épouvante. Ce sentiment était en-
coré fortifié chez M. de Pagès par tout ce qu'on lui avait
dit sur leurs liaisons avec les Mahométans et avec les sauvages du fond des terres. Bientôt, il en vit venir d'autres
mieux vêtus qui lui offrirent du riz. Il accepta leur invi-
tation, et, quand l'orage eut cessé, il se rembarqua. Ce
ne fut pas sans risquer tantôt d'être emporté dans la haute
mer et d'y périr, tantôt d'échouer contre les écueils qui
bordent la côte, qu'il arriva à un village nommé Lawan.
Les maisons qui le composent sont éparses dans un bois;
leur forme est carrée, et elles sont construites en bambous placés de manière à produire un grillage, où seulement en long, mais à jour. La façon dont elles sont per-
chées sur des piliers de bambous et leurs vacillations
au moindre mouvement de ceux qui les habitent, leur
donnent l'air de véritables cages. Dans ce lieu, le cheva-

lier de Pagès reçut l'hospitalité chez le curé, qui était jésuite; il se rembarqua au coucher du soleil, fit douze lieues durant la nuit, et, au point du jour, il arriva à Catarman. Là, il apprit que dans la même nuit, presque à la même heure, et aux mêmes écueils où il était passé, les corsaires mahométans avaient pillé trois pirogues et fait esclaves ceux qui s'y étaient trouvés. On lui dit encore que les Indiens qui l'avaient conduit étaient de l'île de Capul, qui n'avait aucune communication avec les Européens et qui servait d'asile aux Mahométans.

Pour se rendre de Catarman à Luçon, notre voyageur n'avait plus à faire que huit ou dix lieues; mais, à cause des corsaires de Mindano, Holo, Bornéo, Paragoa, personne n'osa le passer au détroit de San-Bernardino, qui était leur principale croisière. Outre cela, on exagérait beaucoup la longueur de la route de San-Bernardino à Manille; on la disait de cent cinquante lieues, par des chemins impraticables dans cette saison. Fortifiées par l'apparition soudaine des corsaires, qu'en frappant sur des *tam-tam* (1), les gardes annonçaient du haut des collines et des caps, toutes ces objections décidèrent M. de Pagès à retourner à Palapa. Il y étudia les mœurs et les usages des habitants de Samar, et examina tout ce qui a rapport à l'histoire naturelle de cette île. Ce soin l'occupa jusqu'au départ du galion, sur lequel il se rembarqua et fit voile, le 7 octobre, pour Manille. Comme la baie de cette ville n'avait pas assez d'eau pour le navire, on mouilla au port de Cavite qui n'en est qu'à deux lieues. Le chevalier de Pagès se rendit à Manille, où il se logea chez des Indiens. Leurs maisons, comme celles des habitants de Samar, étaient construites en bambous. Celles des Espagnols

---

(1) Espèce de tambour de basque en métal convexe d'un côté et concave de l'autre.

étaient en pierre et fort belles. Au lieu de vitres, on se
sert d'une sorte de coquillage transparent comme la nacre
et donnant assez de clarté. Les Indiens de Luçon, ainsi
que ceux de Samar, sont détournés du travail par leur
penchant à la bienfaisance. Ils gardent chez eux, pendant
trois ou quatre mois, les gens de leur nation appartenant
à des villages éloignés. Quelqu'un de leurs parents est-il
malheureux, ils prennent chez eux tous ses enfants. D'ailleurs les personnes issues d'une même lignée se séparent
peu, et l'on voit souvent dans la même maison quatre ou
cinq branches de la même famille, dont tous les membres
vivent en bonne intelligence, mangent au même plat, et
couchent dans la même chambre, sur des nattes étendues
à terre. Ces peuples trafiquent avec ceux de la Chine, auxquels des traités de commerce les lient depuis les temps
les plus reculés. Les habitants de Luçon font différents
beaux ouvrages en or et en une espèce de tombac d'un
tiers plus précieux que ce métal. Les chaînons d'or que
leurs femmes travaillent égalent tout ce qu'on fabrique
ailleurs de plus beau dans ce genre.

Le chevalier de Pagès avait espéré que les Dominicains,
qui fournissaient les missions de la Chine, l'y introdui-
raient avec eux et lui faciliteraient les moyens de traverser
cet empire jusqu'à la Tartarie. Cette voie était la seule qui
lui présentât quelque chance de succès; mais elle lui fut
interdite par le peu de bonne volonté qu'y mirent ces mis-
sionnaires. Il se décida donc à continuer son voyage par
l'Inde, et après avoir séjourné six mois à Luçon, il s'embarqua pour Batavia sur une goëlette espagnole, le 7 mars
1769, et il mouilla le 15 avril dans la rade de cette ville.
Cette rade est formée du côté de la terre par deux sinuo-
sités que laissent deux pointes avancées, et du côté du large par plusieurs îles que les Hollandais occupent pour
leurs arsenaux, leurs magasins et autres ateliers. Batavia
est à une demi-lieue du bord de la mer, au haut d'un beau

canal bien entretenu, où des bâtiments de quatre cents
tonneaux peuvent entrer. Le chevalier de Pagès admira
les rues de cette ville, qui forment autant de petites pro-
menades. Elles sont bordées de maisons presque régu-
lières, dont le bas des murs est plaqué en briques diffé-
remment peintes ou faïencées. Il règne le long de chaque
maison une espèce de terrasse élevée de deux ou trois
marches sur le niveau de la rue ; elle est séparée des ter-
rasses voisines par des bancs, et elle est couverte de tentes pour la commodité de la promenade de chaque propriétaire. Au bas est un espace égal de six à sept pieds,
pavé en larges carreaux et servant aux piétons ; on trouve
ensuite un sol de gravier uni, fin et sablé, pour le passage
des voitures, et enfin une allée d'arbres touffus, toujours
verts et taillés en éventail, qui règnent le long d'un canal
de quinze toises de largeur ; le dessous de ces arbres est
occupé par une petite terrasse, élevée d'un ou deux pieds
au-dessous du sol de la rue ; elle est proprement pavée en
larges carreaux ; le canal est revêtu de murs avec des esca-
liers de distance en distance, et la même uniformité se
rencontre à l'autre bord du canal.

M. de Pagès visita aussi les faubourgs, qui sont au nombre de trois : le premier est peuplé de Portugais et d'Indiens originairement Malabres ou Bengales ; le second est
habité par des Chinois qui occupent des maisons élégantes
et simples, et dont les temples sont ornés des statues des
anciens Chinois dignes de vénération ; le troisième fau-
bourg sert de demeure aux Indiens de ce vaste Archipel
et à ceux qui sont venus de la Terre-Ferme de l'Inde ; il
est plus vaste, mais moins peuplé que les deux autres, et
l'on y voit des jardins aussi beaux que ceux des Hollandais.

Le conseil de Batavia couronne les rois indiens, et reçoit leurs ambassadeurs avec beaucoup d'appareil. Notre
voyageur en vit arriver un qui était chargé des affaires du

roi de Pálimban, dont la compagnie hollandaise était mé-
contente. Ce ministre, à son débarquement fut reçu par
l'introducteur des étrangers, qu'on nomme Chábaudar, et
qui était venu au-devant de lui en grand cortége. L'ambassadeur lui remit la lettre de son souverain, qui fut placée sur un carreau soutenu d'un grand bassin d'argent que
portait un officier. Elle était escortée, de même que l'ambassadeur, par un nombreux détachement. Le canon de
l'amiral et la mousqueterie accompagnèrent de leurs décharges la présentation de cette lettre, et le cortége se
remit en marche pour le château. Le conseil y était as-
semblé, et les avenues étaient bordées de troupes. L'ambassadeur étant arrivé au château, la lettre fut présentée
au conseil, qui en entendit le contenu ; une décharge de
mousqueterie et du canon de l'amiral précéda et suivit
cette lecture. L'ambassadeur se retira ensuite, et le conseil se sépara.

Bombay étant le seul port commode, sûr et fortifié qui
soit à la proximité de la Terre-Ferme de l'Inde, le chevalier de Pagès s'embarqua pour cette destination, et y parvint non sans avoir éprouvé des vents contraires et des
orages. Il en repartit pour Surate, où il mouilla le 6 septembre. Dans cette ville, il vit le château qui y est enclavé,
et sur lequel flottaient le drapeau des Anglais et celui du
Nabab, souverain de cette contrée. Il assista à la sortie
de ce prince, dont l'escorte était de trois mille soldats, outre un pareil nombre de gens à pied, à cheval ou en palanquin ; le cortége était fermé par plusieurs chameaux,
par quatre éléphants richement ornés et par une musique
fort bruyante.

Six jours après son arrivée à Surate, le chevalier de
Pagès prit le costume des Marates et partit pour visiter
leur pays. En avançant dans ces contrées il fut surpris de
voir la familiarité de toutes sortes d'animaux qui se jouaient
devant lui. Les arbres étaient couverts d'oiseaux, d'écu--

reuils et de singes, qui ne fuyaient point à son approche : heureux effet de la coutume où sont les habitants de ne tuer aucun animal. Au bout d'une route de dix lieues il arriva à Nausary, où, se trouvant fatigué, il loua un bœuf. A Gondivi il fut fort étonné lorsqu'on lui servit son dîner dans un plat de feuilles, qu'il fut obligé d'aller jeter après son repas ; on lui donna aussi pour gobelet une feuille qu'il jeta de même ; car les Indous, étant divisés par castes, ne peuvent rien toucher de ce qui a servi à des personnes d'une autre caste que la leur. Après avoir passé à Pardy et à Deman, notre voyageur parvint à Danou, village enlevé aux Portugais par les Marates, mais où la religion chrétienne est toujours exercée librement et publiquement. On y célébrait des fêtes à l'occasion de quelques mariages, et les Brames de la plus haute classe, que la curiosité attirait soit à la porte de l'église, soit aux divertissements, s'y tenaient avec la plus grande décence. Les pagodes attirèrent les regards de M. de Pagès ; il y vit des statues grotesques regardées comme des emblèmes de la divinité, et des idoles qui sont en vénération, parce qu'elles rappellent quelque bienfait reçu de Dieu.

Le 12 novembre, il se remit en route, traversa Trapor, Mahim, et séjourna à Agassein. Il visita les environs de cette ville, qui, outre un grand nombre de productions, fournissent des palmiers sauvages dont la sève donne une boisson assez bonne, avec laquelle on fabrique de l'eau-de-vie. On boit de l'eau de citerne ; néanmoins il est des personnes charitables qui ont fait creuser des puits, pour l'entretien desquels elles ont aussi établi des fonds. Les maisons de campagne sont construites en bambous, enduites de limon et recouvertes en feuilles de palmiers. Les maisons de ville ont trois étages ; chaque étage est composé de trois gradins en amphithéâtre, sur le plus haut desquels on trouve des deux côtés deux petits cabinets où l'on renferme ce qu'on a de plus précieux. Au milieu de ce der-

nier gradin est un grand espace où sont étendus des tapis
qui servent à recevoir la compagnie. Sur le premier gradin est ordinairement un bassin d'une assez grande di-
mension. La face du bâtiment est ouverte et soutenue en
dedans par des colonnes; au-dehors, une galerie entoure
le mur qui ferme les trois autres côtés; les bassins sont
remplis par des puits à roue, qui s'élèvent depuis le rez-
de-chaussée jusqu'au premier étage. Le pavé de ces maisons est composé de pierres molles, pilées et liées avec du
plâtre, de l'huile et des blancs d'œufs. Ce pavé, bien battu,
est tellement uni qu'il ne forme qu'une même pierre d'un
vernis très-luisant; le haut de la maison est en terrasse
et pavé comme le reste des appartements.

Le 6 décembre, le chevalier de Pagès se rendit à Bassein,
et de là à l'île de Saleet, qui a huit lieues de longueur.
Durant son séjour dans l'Inde, il suivit exactement la
manière de vivre des Brames : il habitait à la campagne;
du riz, des fruits et des herbages qu'il cueillait dans son
jardin et qu'il apprêtait lui-même, composaient toute sa
nourriture; deux pièces de coton formaient son vêtement
journalier : il en portait une sur les épaules et l'autre à
la ceinture; il avait laissé croître sa barbe et marchait la
tête et les pieds nus; son vêtement de cérémonie était
une longue robe blanche composée d'un corset cousu à un
jupon, le tout ouvert par devant, croisé par son ampleur
et plissé à la ceinture; un turban et des souliers à la mau-
resque complétaient son costume; il passait son temps à
lire, à se promener, ou à travailler dans son jardin; quelques chèvres et quelques volailles qu'il avait achetées con-
tribuaient à son amusement; enfin, il dormait sur des
nattes dont la fraîcheur lui procurait un doux sommeil.

Le 19 mars 1770, il fut de retour à Surate. Cette ville
est riche et commerçante; l'aisance des habitants s'annonce
par la multitude des palanquins et des carrosses, et par
le nombre des domestiques et des cypayes; car tout par-

ticulier a le droit de soudoyer des gens armés. Les cabrio-
lets maures y sont aussi communs, aussi commodes, aussi
lestes que dans nos capitales ; ils sont traînés par des
bœufs accoutumés à aller au galop ; les bambous, qui composent le timon et le train de cette espèce de voiture, sup-
pléent, par leur élasticité, à nos soupentes.

On peut juger de l'opulence des commerçants de Surate par celle de l'armateur propriétaire du vaisseau sur
lequel s'embarqua M. de Pagès. Quoique son commerce
fût diminué de moitié, cet armateur possédait dix gros
vaisseaux armés en guerre, et il les donnait à fret à des
Anglais ; il avait des esclaves tant pour facteurs dans ses
différents comptoirs, que pour subrécargues, capitaines et
officiers de détail des vaisseaux où il chargeait pour son
compte ; il arborait sur ses navires son pavillon particulier ; il avait à Bassora une factorerie également avec son
pavillon, et possédait en toute sonveraineté une île considérable sur l'Euphrate. Son commerce s'étendait dans
toute l'Inde, depuis la Chine jusqu'à Bassora. Sa maison
avait au moins cent esclaves supérieurs, qui en avaient
d'autres à eux. Lorsqu'il sortait en cérémonie, il était
sur un éléphant, environné de ses parents à cheval ou en
palanquin, et escorté de nombreux domestiques ; deux
cents Cypayes le précédaient, et une bruyante musique
terminait sa marche.

Le navire sur lequel devait monter M. de Pagès étant
prêt à mettre à la voile, il se rendit à bord, et partit pour
Bassora le 20 avril 1770. Après treize jours de navigation,
on toucha à Masurte, ville mal bâtie, dominée par des
montagnes qui l'entourent du côté de la terre et qui ne la
laissent communiquer avec le reste de l'Arabie que par
une gorge très-étroite dont le sol est rocailleux, escarpé,
en sorte que cent hommes pourraient y arrêter une armée
entière. Après avoir appareillé pour le détroit d'Ormuz,
on louvoya huit jours, afin de dépasser les îles d'Ormuz et

de Mamouth. On entra ensuite dans le golfe Persique, où régnaient alors les vents du nord-ouest, ce qui en rendait le passage fort dangereux ; enfin on relâcha à Bender-Aboucheir, puis à l'île de Careith, où l'on fit de l'eau ; après quoi, l'on se dirigea vers l'embouchure de l'Euphrate. L'ignorance des pilotes fit qu'on n'y arriva qu'avec beaucoup de peines, après avoir passé sur divers bancs et avoir même échoué deux fois. Quand on eut remonté ce fleuve dans un espace de quarante lieues, on mouilla devant Bassora. Ayant pris les renseignements les plus circonstanciés sur les productions, les habitants et le commerce de cette ville, le chevalier de Pagès profita d'une caravane de Bédouins, qui allait vendre de jeunes chameaux à Alep. Lorsqu'il eut appris ce que lui coûterait le loyer d'un chameau pour lui, le port de ses effets et de son eau, et le service d'un arabe qui devait lui apprêter à manger, il courut chercher ses effets qu'il avait laissés à bord. il s'habilla à la turque, remercia le consul de France qui avait traité pour lui avec les Bédouins, et, dans la compagnie de huit de ces Arabes, il monta pour la première fois de sa vie sur un chameau. Vers le soir, il joignit la caravane, avec laquelle il se mit en route le lendemain. Au bout de sept jours de marche, il découvrit un camp d'Arabes, et reçut un mouchoir pour mettre sur sa tête, et une abe, espèce de sac de laine qui, par la manière dont il est tissu, n'est pas moins impénétrable à la pluie qu'aux rayons du soleil. A l'approche de la caravane, les Arabes campés firent sortir plusieurs de leurs guerriers, qui, la lance à la main, coururent sur les voyageurs : ceux-ci, sautant alors à bas de leurs chameaux, allèrent au-devant d'eux. Les deux partis s'entremêlèrent, en feignant de combattre et en poussant de grands cris. Ensuite, une partie de la caravane fut introduite dans le camp, et tout rentra dans la plus profonde tranquillité. M. de Pagès se dirigea aussi vers ce camp. Lorsqu'il en fut à quarante pas, il rencontra un Arabe qui le salua poliment, le conduisit dans sa tente, et, pour lui faire honneur, lui donna la place du fond. Cet Arabe était forgeron, il avait un petit fourneau qu'il chauffait avec du charbon fait avec des racines que fournissent les ronces du désert; quatre peaux, en forme de vessie, que des enfants soufflaient, lui servaient à allumer son feu. Sa tente, comme toutes les autres, était partagée dans sa longueur; une moitié était occupée par les hommes, l'autre par les femmes, qui travaillaient de la laine. Notre voyageur alla ensuite visiter les puits autour desquels les tentes sont dressées, et qui ne sont que des trous faits en terre sans revêtement; l'eau n'est qu'à six pieds de profondeur. Il jeta encore un coup d'œil sur le reste des tentes, et il s'aperçut qu'elles étaient toutes ouvertes du côté opposé au vent qui, six mois, souffle du même côté. Quoique les étrangers soient fort rares dans cette contrée, qui est au milieu du désert, ni les hommes, ni les enfants, ne montraient la moindre curiosité à la vue de l'étranger qui venait observer leurs demeures.

Cependant, après avoir fait de l'eau, la caravane se remit en marche. Quatre jours après elle arriva à un lac d'une puanteur insupportable, mais où il fallut cependant s'approvisionner. Non loin de là, sur une butte formée de main d'homme et haute d'environ vingt pieds, s'élevait un château à trois tours. Du haut des murailles de cette forteresse abandonnée, le chevalier de Pagès sentit encore les restes d'un vent lourd et échauffé par la réverbération du sable; il vit le soleil se coucher pâle et rougeâtre; il contempla l'aspect grisâtre, uniforme, que lui offrait le désert, et que ne pouvait égayer ni des herbes de quatre pouces ni des ronces d'un pied et demi. Le jour suivant, on se remit en chemin. Après cinq jours de marche, on aperçut, vers le soir, douze Arabes avec leurs chameaux; le chef de la caravane les fit poursuivre à coups de fusil,

et ils s'enfuirent en abandonnant du linge, des outres et
des massues. Le lendemain à midi, l'on vit venir un cavalier avec lequel on parlementa et qui se retira au bout
d'un quart d'heure. Les compagnons de notre voyageur
préparèrent alors leurs armes et poursuivirent leur route.
Bientôt après arrivèrent cinq cents hommes tant cavalerie
qu'infanterie. La caravane n'en avait que cent cinquante à
leur opposer. Cependant, le chef qui la commandait fit
accroupir les chameaux réunis et serrés les uns contre les
autres ; à deux cents pas en avant, il plaça les fusiliers, et
posta les lanciers à vingt pas d'un pavillon bleu, orné de
caractères blancs, qu'il avait arboré au coin de la caravane
du côté de l'ennemi, et que soutenait le reste des Arabes
armés de sabres et de massues. Après ces dispositions, il
attendit de pied ferme ses adversaires. Ceux-ci fondirent
sur ses troupes en tirant des coups de fusil, et rétrogra-
dèrent quand ils furent attaqués ; ils continuèrent cette
manœuvre jusqu'à la nuit, et la passèrent sans renouveler
leurs hostilités. La caravane l'employa à poster des troupes, à pousser des reconnaissances, et à se réjouir. Dans
la journée du lendemain, on négocia beaucoup plus qu'on
ne combattit. La nuit étant survenue, on disposa tout pour
une prompte fuite. Le conducteur de M. de Pagès lui fit
abandonner ses provisions les plus embarrassantes, répar-
tit les autres sur divers dromadaires, l'avertit de se bien
tenir sur le sien, et lui annonça qu'on allait se mettre en
route. A quatre heures du matin, notre voyageur fut invité
à monter sur son dromadaire, et la caravane partit aussitôt
comme un éclair en revenant sur ses pas. Qui pourrait
cependant exprimer les souffrances qu'éprouva M. de Pagès
durant cette fuite précipitée? Perché sur sa monture comme sur une table, les mouvements qu'elle lui donnait
étaient d'une insupportable violence, et répondaient jusqu'à ses poumons. Ses deux mains lui servaient d'arcs-
boutants en avant et en arrière ; mais le froissement les

avait déchirées, et ses nerfs n'avaient plus de ressort; vingt fois il fut au moment de lâcher prise. Enfin, six Arabes avec lesquels il était parti de Bassora l'entraînèrent loin de la caravane, lui firent contourner au large l'espace qu'il venait de quitter, et le remirent dans sa route. Bientôt son dromadaire broncha, renversa sa charge, et le jeta assez loin. Un Arabe, qui était près de lui, faisant accroupir sa monture, le reçut en croupe derrière lui. Notre voyageur perdit en cette circonstance une partie de ses effets et tous ses vivres. Il voulut récompenser l'Arabe qui, en le prenant sur son dromadaire, s'était exposé à périr pour lui conserver la vie; mais ce ne fut qu'avec la plus grande peine qu'il réussit à lui faire agréer quatre piastres, seule somme dont il pût disposer. Cet Arabe et les cinq autres, prenant sur les vivres dont ils s'étaient munis, le nourrirent avec des gâteaux d'orge, cuits sous la cendre ou sous le sable réchauffé, et broyé ensuite avec des dattes et du beurre fait avec le lait de la femelle du chameau; et la portion qu'ils donnaient au voyageur français était toujours plus forte que la leur. Cependant, ce malheureux voyageur était rendu de fatigues et de souffrances; il était couvert de plaies aux endroits qui lui servaient à s'accrocher sur le bât de sa monture; et, comme les secousses rejetaient ce bât, le cavalier demeurait souvent sur la bosse du dromadaire. Aussi, cet infortuné cavalier ne pouvait-il plus faire usage de ses nerfs; ses mains s'agitaient comme les touches d'un clavecin; il avait perdu l'appétit indispensable au rétablissement de ses forces, et la célérité de son voyage l'empêchait de se livrer au sommeil. Enfin, après un long trajet au milieu du désert où il faillit mille fois tomber entre les mains de hordes ennemies, il parvint à des montagnes qu'il franchit, puis à un pays bien cultivé, et enfin à Damas, où il fut parfaitement reçu par les Jésuites, qui l'y logèrent durant cinq jours.

Le 9 du mois d'août, il poursuivit sa route pour se ren-

dre à Baruth, sur les bords de la Méditerranée, et il y
parvint après avoir traversé le fertile vallon de Béca, les
montagnes du pays des Druzes, et une plaine fort bien cultivée. Quand il se fut reposé, à Baruth, chez les Capucins,
il en repartit pour aller visiter le Quesrouan, et il ne tarda
point à arriver à Jelton. Il s'y arrêta chez un Cheickr, ou
seigneur, issu de la famille qui gouverne le Quesrouan. Il
y fut accueilli fort amicalement par ce prince, à qui les
Jésuites l'avaient recommandé. Il passa tout le temps de
son séjour dans ce canton chez différents Cheickrs, qui lui
donnaient des collations, et dans leurs assemblées qui se
tenaient sous des arbres; là on s'occupait d'une conversa-
tion amusante, à laquelle succédaient une lecture pieuse
et la récitation des prières. Toutes les autres parties du
Quesrouan eurent aussi part aux excursions du chevalier
de Pagès. De Jelton il se rendit au Masra, village près duquel il admira les ruines d'un ancien édifice, qui, d'après
l'inscription grecque placée à l'un de ses angles, paraît
avoir été construit trois cent douze ans avant l'ère vul-
gaire, en s'en retournant, il prit une autre route et passa
sur une arche naturelle, large de quarante pas, longue
de quatre-vingts et élevée d'environ cent pieds au-dessus
d'un torrent dont elle facilite le passage. A Agousta, il
visita le patriarche d'Antioche, dont il fut reçu très-poli-
ment, et il revint ensuite à Baruth, après dix jours d'absence. De là, il passa à Seyde, où il espérait s'embarquer
sur un navire français. Trompé dans son attente, il céda
aux sollicitations du consul français de cette Échelle, et
accorda quelque temps aux soins qu'exigeait sa santé, dé-
labrée par tant de courses et de fatigues.

Lorsqu'il se fut rétabli, il visita les environs de Seyde,
et recueillit sur cette contrée, comme tout le reste de la
Syrie, les documents les plus précieux. Les mœurs et les
usages qui s'y conservent rappellent ceux des Israélites.
Les *Tannours* ou fours cylindriques des Syriens, et les

Tantoura ou coiffures en cônes d'argent que portent les femmes druses, ne sont que les fours des Juifs et la mître de Judith. Les troupeaux des Arabes, soit dans les déserts, soit dans les cantons cultivés, sont guidés et ramenés la nuit comme l'étaient ceux de Laban. On ne compte en Syrie que cinq ordres de citoyens : les princes, les commandants, les paysans riches, les commerçants et les pauvres. Les membres de ces cinq ordres ne peuvent en sortir que pour descendre dans un rang inférieur sans perdre pour cela de la considération qui leur est due. Les membres de ces ordres vivent entre eux d'égal à égal, et ne se distinguent que par la beauté de leurs armes et de leurs chevaux. Pendant son séjour chez les Druses, le chevalier de Pagès assista aux funérailles de quelques-uns des leurs. Peu d'heures après le trépas, on expose sous une tente le corps du défunt, qui est vêtu et armé comme s'il était vivant. Les femmes environnent le corps et l'arrosent de leurs larmes ; les hommes restent en silence un peu au loin, après avoir fait retentir le vallon par leurs cris mâles et lugubres, afin que la nouvelle passe chez ceux de leurs parents et de leurs amis qui habitent les villages voisins. Ceux-ci accourent par troupes, et, dès qu'on les voit venir, les parents vont au-devant d'eux avec le corps qu'ils promènent à quelque distance autour du village, en exprimant leurs regrets par de grands cris et des sanglots. On rapporte ensuite le corps sous la tente, où les femmes reprennent leurs places, et la même cérémonie recommence à chaque nouvelle troupe qui arrive. On garde ainsi le corps jusqu'au lendemain ; alors on s'en empare après l'avoir enfermé dans un cercueil. Un prêtre, ou un druse, suivant la religion du mort, récite des prières à demi-voix. L'enlèvement du corps a lieu malgré les cris et l'opposition des femmes, qui paraissent ne pouvoir se résoudre à s'en séparer. Les hommes gardent un morne silence et regardent avec tristesse tout ce qui se passe. Les parents les plus proches rentrent dans la maison en pleurant, et le reste des hommes accompagne le corps jusqu'à la tombe. Après l'enterrement, les habitants du village se distribuent les étrangers pour les régaler et s'attendrir au souvenir du défunt.

Quant aux différends qui s'élèvent, les Cheikrs les terminent ordinairement à l'amiable. Si l'on ne veut pas s'accommoder, on a recours au grand Émir qui juge souverainement dans les montagnes, excepté lorsqu'il s'agit de discussions qui concernent les possessions du Quesrouan, la maison de Gazen qui en a la propriété, ou les Émirs subalternes qui se gouvernent eux-mêmes. Pour toute punition, on se borne à envoyer garnison chez le coupable, à brûler ses maisons, ou à dévaster ses biens. On attente rarement aux personnes. Aucun habitant ne sort de sa demeure sans être armé de son poignard, et ne s'en éloigne sans son fusil et ses pistolets. Un homme insulté se défait de son ennemi dès qu'il peut lui tirer un coup de fusil. Il est rare et honteux de donner une fille en mariage à tout autre qu'à l'un de ses parents; quiconque le tenterait périrait. Les dissensions entre les Émirs et les Cheikrs ne sont jamais sanglantes. Il arrive souvent que les armées des deux rivaux voient, sous les bannières opposées, des parents et des amis qu'ils n'ont nulle envie de combattre. Ces armées se rangent en face l'une de l'autre; les Cheikrs et les principaux paysans disent leur avis, tous les autres font de même; des projets d'accommodement son proposés; si les chefs les rejettent, ils se brûlent mutuellement leurs mûriers, et chacun rentre chez soi sain et sauf.

Les Druses sont généralement redoutés des étrangers: à la voix de son Émir, un habitant des montagnes va souvent de sang-froid assassiner un ennemi au milieu de sa ville, ou même de ses troupes.

Tels et plus nombreux encore sont les intéressants détails qu'obtinrent au chevalier de Pagès dix mois de courses et de séjour dans les montagnes de la Syrie. De là, il se rendit à Saint-Jean-d'Acre, à la fin du mois d'août 1771 et s'y embarqua pour Marseille, où il arriva le 5 décembre de la même année.

Ainsi un simple particulier, sans autre secours que celui de sa fortune, sans autre appui que son courage, conçut et exécuta le projet de faire seul le tour du monde, en observant et notant avec une attention scrupuleuse tout ce que la géographie, tout ce que l'histoire naturelle, tout ce que la politique auraient intérêt à connaître et à retenir. Nous l'avons vu : pour atteindre à ce but, rien ne lui a coûté ; ni travaux, ni fatigues, ni dangers, rien n'a pu l'abattre ; et, pour amortir sa noble et généreuse ardeur, les difficultés sans cesse renaissantes que lui opposèrent les fleuves de l'Amérique ont été aussi impuissantes que les périls qu'il eut à braver, les tourments qu'il eut à subir au milieu des sables de l'Arabie. Que si le chevalier de Pagès n'a pas été récompensé de tant d'efforts par le renom qu'aurait dû lui mériter une si belle entreprise, il en obtint du moins le seul prix qui fût digne de toucher son grand cœur, lorsque le gouvernement le chargea de se joindre en 1773 à une expédition qui avait pour but d'aller reconnaître les terres australes ; plus tard, le chevalier de Pagès s'est acquis de nouveaux droits à la reconnaissance des savants, par un voyage dans la mer glaciale. Il a donné une relation complète de ces deux expéditions. Dans la première, il traça une carte des îles qui furent reconnues à cinquante degrés de latitude, et fit diverses observations sur les longitudes de la chaleur, sur le poids de l'eau de la mer, sur les Hottentots et les Malgaches, sur les animaux et les productions des contrées habitées par ces peuples, sur la manière de former des établissements utiles dans la grande et belle île de Madagascar, enfin sur le régime propre à conserver la santé des équipages dans les climats malsains.

La dernière de ces expéditions était la plus désagréable: une navigation de trois cents lieues fournit au chevalier de Pagès de curieuses remarques sur la constante élévation du baromètre, sur les baleines et quelques autres poissons, sur la déclinaison de l'aimant, sur la dessalure de l'eau de mer par l'intensité du froid, sur la pesanteur de cette eau depuis le cinquantième degré de latitude sud jusqu'au quatre-vingt-deuxième de latitude nord, sur la position de l'île de Jean Mayen nécessaire aux navigateurs pour redresser leur route au débouquement des glaces, sur le mouvement de ces glaces, leur dérive et leur formation, enfin sur les vents de la zône glaciale comparés à ceux de la zône torride.

Voilà quels furent les fruits de ses deux derniers voyages. Ainsi dans quelque contrée lointaine que l'ait poussé son avide désir de s'instruire, il a toujours su contribuer à l'avancement des connaissances humaines; et sa constante persévérance à tout rechercher, son inépuisable ardeur de tout connaître, son infatigable attention à tout observer, soumises à de si longues et si rudes épreuves, rendront sans cesse le nom du chevalier de Pagès cher à tous ceux qu'intéressent et les progrès de la science et la réputation de notre marine.

BELLE ET AUDACIEUSE ENTREPRISE DE QUELQUES MARINS FRANÇAIS.

Un des bâtiments qui, en 1796, suivaient aux Indes-Orientales le contre-amiral de Sercey, fut séparé des autres par un coup de vent qui lui fit perdre son petit mât de hune et son grand mât de perroquet. Ainsi maltraité et

demeuré seul ce bâtiment fut rencontré par un vaisseau
ennemi qui lui était supérieur en force et qui, après l'avoir
capturé, l'envoya à Portsmouth.

Parmi les Français faits prisonniers dans cette circonstance, il s'en trouvait deux, Sélis et Thierry, l'un chef de
timonerie et l'autre pilote côtier, qui, placés à Petersfield,
y reçurent, durant sept mois, les traitements les plus rigoureux. Brûlant de se soustraire à une pareille tyrannie,
ils se rendirent de nuit à la côte, et y cherchèrent une barque sur laquelle ils pussent s'embarquer et repasser en
France. Mais, arrêtés avant d'avoir réalisé leur dessein, ils
furent conduits d'abord dans les prisons de Portsmouth,
et bientôt après au dépôt des condamnés qu'on devait dé-
porter à Botany-Bay. Cette détermination, que n'auto-
risait aucun jugement préalable, révolta nos braves marins ; ils s'échappèrent de nouveau avec six autres Français,
afin de mettre à exécution leur premier projet.

Cette nouvelle tentative n'eut pas une meilleure issue
que celle dont on avait résolu de les punir ; et, saisis par
les gardes-côtes, ils furent déposés dans un vieux bâtiment
où étaient réunis ceux qu'on avait condamnés à peupler
Botany-Bay. Ce fut là que, huit mois entiers, ils eurent à
souffrir les rigueurs de la saison, une affreuse disette et
la barbarie de leurs geôliers.

Le 28 mars 1797, on les embarqua sur le navire qui devait les conduire à leur triste destination ; il se nommait
Lady-Shore, appartenait à la compagnie des Indes, portait
cinq cents tonneaux, était armé de vingt-deux canons,
avait à bord cent dix-neuf prisonniers, vingt-six hommes
d'équipage, et cinquante-huit soldats de garnison. La seule
ressource qui restât à nos marins pour briser leurs fers,
était de s'emparer du bâtiment.. Aussi en formèrent-ils le
dessein. Mais comment le faire réussir n'étant que huit
pour l'exécuter et devant compter sur la résistance d'une
garnison et d'un équipage si nombreux? Voilà ce qui

aurait arrêté des cœurs moins intrépides ; les leurs ne s'en occupent que pour y remédier. Il s'agissait d'abord d'augmenter leurs forces ; ils y parviennent en s'adjoignant quatre de leurs compagnons d'infortune, dont trois Allemands et un Espagnol. Ils forment ensuite leur plan d'attaque, conviennent du moment, distribuent à chacun leurs fonctions.

Le 1er août, à deux heures du matin, le navire se trouvant par le 19e parallèle sud et le 36e méridien occidental, nos marins se rendent furtivement, et l'un après l'autre, dans le panneau de la force armée ; ils prennent les armes des soldats endormis ; et, au cri de *vive la France !* ils s'élancent chacun au poste qui lui est assigné: un sur le panneau où couchent les femmes, deux au panneau des soldats, deux autres sur les passavents pour faire feu sur quiconque s'y trouverait et refuserait de se rendre ; deux courent au panneau de derrière où reposent les officiers ; deux se transportent chez le capitaine, et le somment de rendre son bâtiment et sa personne ; deux tiennent en échec les trois officiers de service et leur imposent silence, enfin, le dernier force une caisse de munitions, en distribue à ses frères d'armes, et veille à ce qu'ils ne soient pas surpris.

L'officier de quart les voyant courir en armes sur tous les points du vaisseau, atteint mortellement d'un coup de pistolet l'un d'entre eux ; mais il est lui-même massacré. Le capitaine, dédaignant les deux adversaires qui se présentent à lui, veut résister, reçoit trois coups de baïonnette ; et, tombant du pont dans l'entrepont, il s'écrie *Rendez le bâtiment aux Français !* » « *Rendez le bâtiment aux Français !* » répète à son tour le commandant de la troupe, épouvanté des menaces qui lui sont faites. Cependant, les soldats ont pris les armes et vont s'élancer hors de leur panneau. Un Français y jette un baril de salaisons, qui tombe sur un caporal ; le caporal pousse un si grand cri, que les soldats, effrayés et ne sachant pas à combien d'ennemis ils ont affaire, se déclarent aussitôt prisonniers.

Devenus ainsi maîtres de tous les postes, les Français ferment tous les panneaux, désarment les vaincus, nomment Sélis capitaine, et Thierry lieutenant de la prise. Les deux nouveaux officiers publient, pour leur sûreté et pour celle de leurs compagnons, un règlement qui est rédigé en français, traduit en langue anglaise, publié et affiché. Enfin les chefs des prisonniers sont contraints de signer un certificat dans les formes établies par les lois de la guerre.

Après ces premières précautions, les vainqueurs, appréhendant de ne pouvoir toujours contenir la multitude d'Anglais qui encombrent le vaisseau, en débarquent vingt-neuf sur les côtes du Brésil, leur donnent tous les vivres et tous les instruments de marine dont ils ont besoin pour se nourrir et se diriger, et exigent d'eux, par écrit, le serment de ne point servir durant une année contre la France et ses alliés. Quant à la plupart des matelots anglais, la promesse d'une récompense les engagea à seconder, dans la manœuvre du bâtiment, Sélis et ses compagnons, qui n'étaient pas assez nombreux pour s'en acquitter seuls.

Dirigé vers Montevideo, le navire y arriva le 31 août; il y jeta l'ancre, arbora le pavillon français, salua de onze coups de canon le vaisseau commandant de la rade, et adressa à la place un salut de quinze coups. Mais bien que la France et l'Espagne fussent alors alliées, le gouverneur de la province contesta à nos marins la validité de leur prise; ceux-ci portèrent leurs plaintes au vice-roi, et, en attendant sa réponse, ils firent parvenir leurs réclamations au vice-amiral Truguet, ambassadeur de France à Madrid. D'après les démarches que cet illustre officier fit en leur faveur, le gouvernement espagnol ordonna que Sélis, Thierry et leurs compagnons disposeraient à leur gré du bâtiment anglais et de tout ce qu'il contenait; que leurs prisonniers seraient considérés comme appartenant à la France, et qu'elle seule aurait le droit de les échanger.

6.

BATAILLE DE NAVARIN.

Par le traité qu'elles venaient de conclure à Londres, le 6 juillet 1827, la France, l'Angleterre et la Russie avaient résolu de mettre un terme à la guerre qui, allumée depuis quatre ans entre la Turquie et la Grèce, servait de prétexte aux pirates de cette dernière nation pour troubler le commerce de trois hautes puissances, et lui causer de graves préjudices. Toutefois l'obstination des Turcs à ne vouloir entendre à aucun accommodement rendait ce traité illusoire; il s'agissait donc de le faire exécuter, et ce fut dans cette vue que les amiraux de Rigny et Codrington, commandant les forces navales françaises et britanniques dans la Méditerranée, écrivirent le 22 septembre de la même année à Ibrahim-Pacha, aux ordres duquel se trouvait l'armée turco-égyptienne qui combattait contre les Grecs. Ce prince, dans des conférences tenues le 25 du même mois avec les deux amiraux, consentit à une suspension d'armes qui fut violée le lendemain. Les jours suivants, rien ne fit présager de meilleures dispositions dans le prince égyptien, et l'armistice de fait entre les Turs et les Grecs semblait plus éloigné que jamais. Pour en accélérer la conclusion, les amiraux de Rigny et Codrington se réunirent le 18 octobre près de Zante, à l'amiral Heyden, qui était à la tête de l'escadre russe, et il fut convenu entre ces trois amiraux que le seul moyen d'atteindre au but spécifié dans la convention du 6 juillet précédent, était d'aller avec leurs escadres prendre position dans la baie de Navarin, afin d'y renouveler à Ibrahim des propositions qui s'accordassent avec les résolutions des trois puissances. Dès lors, aux termes des instructions, le plus ancien des amiraux devant prendre le Commandement supérieur, le vice-amiral Codrington arrêta les dispositions nécessaires.

Dans l'ordre du jour que l'amiral de Rigny donna le 19 aux marins et aux troupes de son escadre, il était dit que « les vaisseaux du roi ne feraient feu sur les Turcs qu'autant que ceux-ci tireraient sur le pavillon de S. M. ou sur celui de ses alliés. »

Le 20 à midi, le vent se trouvant favorable, les signaux de préparation furent faits, et chacun prit son poste : en tête, le vaisseau amiral anglais, l'*Asia*, suivi de l'*Albion*, du *Génoa* et de la frégate le *Darmouth*; immédiatement après se plaça l'escadre française, ayant en tête la *Syrène*, sur laquelle était le pavillon de l'amiral de Rigny; le *Scipion* suivait; puis venaient le *Breslaw*, le *Trident* et la frégate l'*Armide*, ayant sur les ailes les goëlettes l'*Alcyone* et la *Daphné*. Les Russes, avec quatre vaisseaux et quatre frégates, composaient l'arrière-garde.

Les Turcs avaient formé une ligne d'embossage en fer à cheval, sur le contour de la baie, en triple ligne, offrant un total de trois vaisseaux de haut bord, un vaisseau rasé, seize frégates, vingt-sept grandes corvettes, et autant de bricks. La force principale se trouvait réunie vers la droite en entrant; elle était composée de quatre grandes frégates de trois vaisseaux de ligne, puis des frégates de divers rangs achevaient le contour, et étaient renforcées en deuxième ligne par les corvettes et les bricks. Six brûlots étaient placés aux extrémités du fer à cheval, pour être à même de venir sur les escadres alliées, au vent desquelles ils se trouvaient naturellement postés.

Les six bâtiments qui formaient la tête de l'escadre combinée, l'*Asia,* le *Génoa,* l'*Albion,* le *Darmouth,* la *Syrène* et le *Scipion,* passèrent à portée de pistolet des batteries de Navarin, sans être molestés. A deux heures

et demie, l'*Asia* mouillait par le travers du vaisseau amiral turc. Cinq minutes auparavant, le capitaine Robert,
par un mouvement de contre-marche dont la hardiesse et
la précision furent admirées, avait mouillé la *Syrène* à
portée du pistolet de la première frégate de la ligne turque,
et dans un vide que laissaient entre elles trois frégates de
cette nation. Le *Trident* se mit à bâbord, appuyant la
Syrène; le *Scipion*, embossé à l'entrée du port, présenta
le travers à deux frégates et à trois brûlots mouillés sur
son flanc gauche, et il resta en outre sous le feu des batteries de Navarin. Le *Breslaw*, ne pouvant être utilement
occupé en arrière de cette ligne, se mit entre le vaisseau
amiral russe et de fortes frégates turques qui l'auraient
pris en enfilade. L'*Armide* se tint sous voile pour se porter partout où il y aurait d'utiles secours à donner ou
d'honorables dangers à courir. En même temps, la frégate
le *Darmouth*, détachée de l'avant-garde pour dire aux brûlots turcs de s'éloigner du mouillage occupé par les escadres alliées, jeta l'ancre près des bâtiments, et leur expédia
un canot pour leur porter ce message, Soudain, un coup
de fusil partit de l'un des brûlots, et tua l'aspirant à qui
le capitaine anglais avait confié le commandement de cette
embarcation. Une vive fusillade s'ensuivit entre le *Darmouth* et le brûlot qui avait tiré. La *Syrène* était alors si
voisine de ce dernier bâtiment qu'elle aurait pu le brûler
s'il n'y avait eu du danger pour le canot anglais. L'amiral
de Rigny, qui la montait, se contenta de héler au porte-
voix la frégate égyptienne l'*Esmina,* avec laquelle il était
vergue à vergue, et l'avertit que, si elle ne tirait pas, il ne
tirerait pas non plus. Sur ces entrefaites, un canot expé-
dié en parlementaire par l'amiral Codrington au vaisseau
amiral turc, eut son pilote tué d'un coup de fusil parti de
ce navire; et, dans le même moment, deux coups de canon
furent tirés de l'un des bâtiments turcs qui étaient dans
la poupe de la *Syrène* sur laquelle un homme fut tué.

Le vaisseau français riposta par une bordée de tribord,
et sur-le-champ le combat devint général sur toute la ligne,
c'est-à-dire dans tout le pourtour de la baie. Rien ne saurait égaler l'horrible beauté du spectacle que cette baie
offrit tout à coup, tant par le feu terrible que, dans un
bassin aussi resserré, cent cinquante navires de guerre
faisaient les uns sur les autres, que par les incendies et les
explosions qui en furent bientôt la suite.

A peine les premières volées avaient-elles été lancées
aux cris de *vive le Roi*! que la *Syrène* se trouva envelop-
pée par le feu des frégates ennemies, et eut à lutter pendant plus d'une heure contre des forces plus que triples
des siennes. Mais, tant d'activité présida au service de ses
batteries, qu'elle obtint bientôt le succès le plus éclatant.
Toutefois, comme elle combattait bord à bord, à une portée
de pistolet, sa mâture et son gréement furent hâchés de
telle sorte que, lorsque la frégate égyptienne à deux batteries qu'elle avait par son travers, fut incendiée et sauta,
l'ébranlement causé par l'explosion suffit pour faire tomber successivement le grand mât et le mât d'artimon de la
Syrène; et, dans le même instant, elle fut couverte de débris enflammés qui la mirent dans un grand péril. Elle s'y
déroba avec le secours du *Trident*, qui, commandé par le
capitaine Maurice, lui donna la plus complète assistance;
et, plus tard, elle dut à la frégate anglaise le *Darmouth* le
bonheur d'éviter un brûlot qui était sur le point de tomber
sur elle. Cependant, les corvettes et les bricks anglais attaquaient les brûlots et étaient vaillamment soutenus par
les goëlettes françaises l'*Alcyone* et la *Daphné*. A l'extrémité gauche du fer à cheval, la frégate française l'*Armide*
et la frégate anglaise le *Talbot* supportèrent bravement le
feu de cinq frégates turques, jusqu'à l'arrivée des frégates
russes. Les navires de cette nation eurent dès le commencement à essuyer le feu des batteries des forts, et ils reçurent d'importants secours du vaisseau français le *Breslaw*,

commandé par M. de La Bretonnière. Ce brave ca par un
qui dans cette journée fut blessé aux deux jambes pitaine,
éclat de bombe, combattit tantôt à la voile, tantôt à l'ancre,
et prêta une aide puissante au vaisseau russe l'*Azoff*, que
les ennemis avaient fort maltraité par des feux d'enfilade. De son côté, le vaisseau français le *Scipion* s'illustrait
par des prodiges de valeur. Il combattait à la fois les frégates embossées et la citadelle, qui faisait pleuvoir sur lui
une grêle de boulets de vingt-quatre et de quarante-huit.
Au milieu de l'action, tandis qu'il faisait feu des deux bords,
les Turcs lui lancèrent un de leurs brûlots tout enflammé.
Dirigée par des hommes aussi habiles qu'intrépides, cette
machine parvint à se coller contre la joue de bas-bord du
Scipion, et elle se glissa insensiblement sous le beaupré,
entre la civadière et le bossoir d'avent. Le vaisseau français faisait de vains efforts pour repousser au large le brûlot : les focs, le beaupré, et les cordages des mâts de l'a-
vant devenaient la proie des flammes, qui, poussées vers
l'arrière par une brise assez fraîche de la partie du sud,
s'introduisirent par les batteries de trente-six, par les écu-
biers et par les sabords. Plusieurs gabiers se précipitèrent
dans le feu pour l'éteindre ; des canonniers furent brûlés
à leurs pièces ; d'autres furent grièvement blessés par l'explosion des gargousses qui s'enflammaient entre leurs
mains. Trois fois le feu prit dans différentes parties du navire, et les braves canonniers ne discontinuèrent point de
riposter aux bâtiments turcs et à la citadelle, qui tiraient
sur eux à les couler bas. Dans cette position critique, le
capitaine Milius, commandant le *Scipion*, fit filer le câble
en fer sur lequel il était mouillé ; et, au risque de sauter
en l'air avec le brûlot, il appareilla la misaine et le petit
hunier, pour arriver vent arrière et éloigner ainsi les flammes qui gagnaient la soute aux poudres de l'avant. Le
maître canonnier voyant ce péril, vint alors demander
s'il fallait inonder les poudres ; la réponse de l'intrépide

Milius fut négative; il l'accompagna du cri de *vive le Roi*!
et ce cri fut répété par tout l'équipage avec le plus vif enthousiasme. Ce n'était plus des hommes, mais des lions
qui combattaient, et le feu de leurs canons n'avait jamais
été si bien nourri. Parvenu enfin à écarter le brûlot et à
le couler bas, le *Scipion* en reçut l'équipage sur son bord,
et il prit une position qui lui permit de foudroyer plusieurs vaisseaux ennemis. A cinq heures du soir, il s'em-
bossa de nouveau sous les batteries de la forteresse, dont
il fit taire les feux en moins de trente-cinq minutes.
A cinq heures et demie, la flotte turque avait cessé
d'exister.

Tel fut le résultat de l'une des plus glorieuses batailles
qu'ait livrées notre marine. Quel que soit le point de vue
politique sous lequel ce fait d'armes soit envisagé, et nous
nous abstiendrons de toute discussion à cet égard, on ne
pourra cependant s'empêcher de convenir que nos équipages et leurs officiers s'y sont acquis des droits éternels à
l'estime des étrangers, à la reconnaissance de leur patrie,
à la bienveillance de leur souverain.

HÉROIQUE DÉVOUEMENT DE L'ENSEIGNE BISSON.

La corvette la *Lamproie* chassa et prit sur les côtes de
la Syrie un brick pirate grec qui portait soixante-six hommes d'équipage. Elle le conduisit d'abord à Alexandrie, où
il fut reconnu par des bâtiments marchands qu'il avait pil-
lés, les uns à Scarpento, les autres sur les côtes de la Ca-
manie. La frégate de la *Magicienne*, partant d'Alexandrie
pour aller à Smyrne rallier l'escadre de l'amiral de Rigny,
prit à bord l'équipage du corsaire, moins six hommes qu'on

y laissa, et elle y plaça quinze de ses marins sous le commandement de l'enseigne Bisson, auquel on adjoignit le pilote Trémintin. Après ces dispositions, la *Magicienne* se mit en route, et rentra dans l'Archipel, naviguant de conserve avec le *Panaïoty*, ainsi se nommait le brick capturé. Dans la nuit du 4 au 5 novembre, un coup de vent sépara les deux navires, le mauvais temps survint et contraignit le *Panaïoty* à chercher un asile dans l'île de Stampalie. A deux heures moins un quart du matin, deux Grecs restés à bord se jetèrent à la mer et gagnèrent la côte. Cet évènement détermina Bisson à se tenir sur ses gardes. Ayant longtemps croisé dans ces parages, il n'ignorait pas que toutes les îles de l'Archipel fourmillent de pirates, qui maîtrisent quelques pauvres hameaux dont les habitants n'osent les dénoncer à cause de la solidarité et de l'organisation que ces bandits ont établi entre eux. Notre brave enseigne se détermine donc à une défense vigoureuse. Comme la mer continuait toujours à être fort orageuse, le 5 à huit heures du matin, il mouilla dans une petite baie, située dans le nord-ouest, à trois milles de la ville de Stampalie. Dans la journée, il fit charger ses quatre canons et tous les fusils; il veilla à ce que tous les sabres fussent portés sur le tillac; il exhorta son équipage et lui fit promettre de se défendre jusqu'à la dernière extrémité. A six heures du soir, en se retirant pour aller se reposer, il dit au pilote Trémintin : « Pilote, si nous sommes attaqués par » les pirates et qu'ils réussissent à s'emparer de ce bâti- » ment, jurez-moi de mettre le feu aux poudres, si vous » me survivez. » Trémintin le lui assure et ils se séparent.

A dix heures du soir, deux grands misticks, chargés chacun de soixante à soixante-dix hommes, qui poussent tous de grandes clameurs, s'avancent pour enlever le *Panaïoty*. Aussitôt les quinze Français qui le gardent s'élancent à leurs postes de combat. Debout sur le béaupré,

Bisson fait héler les misticks, qui se dirigent sur son avant en nageant avec fracas. Il n'en reçoit aucune réponse ; il ordonne de tirer et tire lui-même son fusil à deux coups. Les misticks répondent par une vive fusillade; l'un d'eux aborde par-dessous le beaupré, et l'autre par la joue de babord. Neuf des Français ont déjà succombé ; ceux qui leur survivent ne peuvent, malgré tous leurs efforts et ceux de leur capitaine, empêcher qu'une trentaine de Grecs ne pénètrent sur le pont. En ce moment Trémintin combattait à tribord; Bisson, tout couvert du sang des ennemis, venait alors du gaillard d'avant, et lui adressant la parole : » Ces » brigands, dit-il, sont maîtres du navire ; la cale et le » pont en sont remplis ; c'est le moment de terminer » l'affaire. » Aussitôt il se penche sus le tillac de l'avant-chambre, qui ne s'abaissait que de trois pieds au-dessous du pont, et sur lequel étaient les poudres. Il tenait une mèche cachée dans sa main gauche, et avait le milieu du corps au-dessus du pont. Là il ordonna à Trémintin d'engager les Français encore vivants à se jeter à la mer; lui serrant ensuite la main : «Adieu, pilote, lui dit-il, je vais tout » finir. » Peu après, l'explosion eut lieu, le navire sauta en l'air ; et, comme l'a dit un de nos orateurs, *la France compta un héros de plus.*

Fidèle à son serment, le pilote Trémintin sauta avec le brick ; mais, plus heureux que son brave capitaine, il fut jeté sans connaissance sur le rivage; il avait le corps meurtri et un pied fracassé. Les quatre matelots français, qui, à son commandement, s'étaient lancés à l'eau, arrivèrent à terre sans blessures graves. Le lendemain matin, on aperçut, gisant sur le rivage, les corps de trois Français, et soixante-dix cadavres grecs, trouvés dans le même lieu, attestèrent que la résolution héroïque du généreux Bisson avait eu son entier effet.

Peu d'évènements ont excité plus d'enthousiasme que le dévoûment de Bisson. Le monarque dont la munificence s'était répandue sur les vainqueurs de Navarin (1) n'oublia point l'enseigne courageux qui venait d'ajouter une illustration nouvelle à celles dont brillait déjà notre pavillon : il récompensa cet intrépide marin dans la personne de sa sœur, à laquelle il assura une pension de quinze cents francs ; il décerna la croix de la Légion-d'Honneur au pilote Trémintin, et il permit qu'une commission présidée par M. le vice-amiral, comte de Missiessy, reçût le produit d'une souscription ouverte par les différents corps de la marine pour consacrer par un monument à l'immortelle conduite de Bisson.

Différentes villes du royaume se sont aussi empressées de rendre hommage à la gloire de ce marin : Guémenée où il naquit lui a érigé un monument ; Lorient a imité cet exemple, et a fait frapper une médaille dans le même but. Enfin Bisson a trouvé des admirateurs partout où il s'est rencontré des cœurs vraiment français.

NAUFRAGE DES CANOTS DE LA BOUSSOLE, EN 1786.

Parlons de l'infortuné La Pérouse. Les dernières nouvelles que nous ayons eues de cet illustre navigateur datent du commencement de l'année 1788, époque où il se trouvait à Botany-Bay dans l'Océanie, et d'où il annonçait devoir partir au milieu de mars pour remonter aux îles des Amis. « Je » ferai absolument tout ce qui m'est enjoint par mes ins- » tructions, écrivait-il alors au ministre de la marine, de ma- » nière à ce qu'il me soit possible d'arriver en décembre à

---

(1) Trente décorations et des grades supérieurs furent accordés par le Roi à tous ceux de nos marins qui s'étaient signalés dans cette bataille.

» l'Ile de France.» Toutes les recherches faites avec le plus grand soin, en suivant exactement l'itinéraire de ce voyageur, ne laissent aucun doute que lui et ses compagnons n'aient péri dans le trajet de Botany-Bay aux îles des Amis.

Louis XVI lui avait confié la direction d'une campagne de découvertes dans l'intérêt de la science et du commerce; les frégates LA BOUSSOLE et L'ASTROLABE formaient l'expédition : La Pérouse commandait la première, et le commandement de la seconde avait été confié au capitaine Delangle, l'un des officiers les plus distingués de la marine française.

Ils partirent du port de Brest le premier août 1785, et en parcourant les côtes d'Amérique, ils relâchèrent dans un beau port qu'ils découvrirent les premiers, et qu'ils nommèrent PORT DES FRANÇAIS. Voulant sonder la passe avant d'appareiller de ce mouillage, on chargea de cette opération le lieutenant Descure, de LA BOUSSOLE, et les frères La Borde de Marchainville. officiers de L'ASTROLABE; ils montèrent chacun leurs canots respectifs, avec quelques matelots; et quelques officiers de LA BOUSSOLE, ayant à leur tête le lieutenant Boutin, se firent une partie de plaisir de les accompagner dans un troisième canot.

« Quatre heures après le départ des embarcations, dit » La Pérouse, je vis revenir celle que commandait M. Bou-» tin. Un peu surpris, parce que je ne l'attendais pas sitôt, » je demandai à cet officier, avant qu'il fût monté à bord, » s'il y avait quelque chose de nouveau ; je craignais dans » le premier instant, quelque attaque des sauvages. L'air » de M. Boutin n'était pas propre à me rassurer; la plus » vive douleur était peinte sur son visage. Il m'apprit bien-» tôt le naufrage affreux dont il venait d'être témoin, et » auquel il n'avait échappé que par la fermeté de son ca-» ractère, qui lui avait permis de voir toutes les ressour-» ces qui restaient dans un si extrême péril.

Il avait été entraîné au milieu des brisants en suivant le lieutenant Descures; et La Pérouse décrit les habiles manœuvres par lesquelles cet officier préserva son embarcation du péril le plus imminent. «Plus occupé du salut de

» ses camarades que du sien propre, continue l'illustre
» capitaine, M. Boutin parcourut le bord des brisants dans
» l'espoir de sauver quelqu'un; il s'y engagea même,
» mais il fut repoussé par la marée; enfin il monta sur les
» épaules d'un officier, afin de découvrir un plus grand
» espace. Vain espoir! tout avait été englouti... Il rentra,
» conservant quelque espérance pour le canot de L'Astro-
» labe; il n'avait vu périr que le nôtre. Hélas! le malheur
» était beaucoup plus grand qu'il ne pensait : au moment
» où cet affreux événement arriva, les deux frères La
» Borde étaient à un grand quart de lieue du danger,
» c'est-à-dire dans une mer aussi parfaitement tranquille
» que celle du port le mieux fermé; mais voyant l'extrême
» péril de leurs compagnons, et ne calculant pas celui au-
» quel ils allaient s'exposer eux-mêmes, ils volent à leur
» secours, se jettent dans les mêmes brisants, et s'y en-
» gloutissent avec eux, victimes du plus généreux dévoue-
» ment! » Vingt et une personnes périrent dans cet affreux désastre, qui causa le chagrin le plus extrême au bon
et sensible La Pérouse.

Parmi les autres aventures dont La Pérouse a donné
connaissance, nous en citerons deux : la première est
agréable : c'est la réception flatteuse qui lui fut faite à
Kamtschatka par le lieutenant russe Kaboro, qui commandait au havre de Saint-Pierre-Saint-Paul. On fit cadeau
aux officiers de superbes fourrures en peaux de martre-
zibeline, de renne et de renard; toutes les maisons leur
furent ouvertes; chacun les recevait avec joie et empresse-
ment; le colonel Kosloff, gouverneur de la contrée, se
rendit près d'eux, et il voulut leur donner le plaisir d'un
bal. « Si l'assemblée ne fut pas nombreuse, dit le célèbre
» voyageur, elle fut au moins extraordinaire : treize fem-
» mes vêtues d'étoffes de soie, dont dix Kamtschadales,
» avec de gros visages, de petits yeux et des nez plats,
» étaient assises sur des bancs autour de l'appartement;
» les Kamtschadales avaient, ainsi que les Russes,
» des mouchoirs de soie qui leur enveloppaient la tête, à
» peu près comme les femmes mulâtres de nos colonies.

» On commença par les danses russes dont les airs sont
» très agréables ; les danses kamtschadales leur succédè-
» rent. Elles étaient à peine finies, qu'un cri de joie an-
» nonça l'arrivée du courrier d'Okotsk, qui était le chef-
» lieu du gouvernement. »

Que l'on juge du ravissement de toute , assemblée. Ce
courrier apportait des dépêches de la cour de France, et la
promotion de La Pérouse au garde de chef d'escadre. Hélas ! cet illustre navigateur ne devait pas jouir longtemps
de cette élévation nouvelle, ainsi que de la brillante pers-
pective inhérente à son mérite.

Suivons-le maintenant à Mahouna, une des îles des
Navigateurs dans le grand Océan, où il s'arrêta pour renouveler sa provision d'eau. « Dans ce pays charmant, dit
» La Pérouse, des arbres à pain, des cocos, des goyaves
» (poire des Indes), des oranges, présentaient à ces peuples
» fortunés une nourriture saine et abondante ; des poules,
» des cochons qui vivaient de l'excédant de ces fruits, leur
» offraient une agréable variété de mets. Ils nous avaient
» vendu plus de deux cents pigeons ramiers privés, qui ne
» voulaient manger que dans la main ; ils avaient aussi
» échangé des tourterelles et des perruches les plus char-
» mantes, aussi privées que les pigeons. Quelle imagina-
» tion ne se peindrait le bonheur dans un séjour aussi dé-
» licieux ! Ces insulaires, disions-nous, sont sans doute
» les plus heureux habitants de la terre : entourés de
» leurs femmes et de leurs enfants, ils coulent au sein du
» repos et de l'abondance des jours purs et tranquilles, ils
» n'ont d'autres soins que celui d'élever des oiseaux, et,
» comme le premier homme, de cueillir, sans aucun tra-
» vail, les fruits qui croissent sur leurs têtes. Nous nous
» trompions ; ce beau séjour n'était pas celui de l'innocence. »

Soixante et un hommes des équipages de LA BOUSSOLE et
de L'ASTROLABE descendirent dans cette île sous la direction du capitaine Delangle ; l'air de tranquillité et de douceur des naturels qui abordaient le rivage lui inspira d'autant plus de sécurité qu'il y avait un grand nombre d'entre
eux qui s'étaient approchés des frégates dans leurs piro-

gues pour commercer. Mais quand M. Delangle fit embarquer son monde dans les chaloupes, après avoir fait des
présents aux chefs des Indiens, il arriva que ceux qui
n'avaient rien reçu se montrèrent turbulents, au point
d'entrer dans la mer pour suivre les chaloupes, tandis que
d'autres leur lançaient des pierres du rivage.

» Comme les chaloupes étaient échouées un peu loin de
» la grève, dit La Pérouse, les Français avaient été obli-
» gés de se mettre dans l'eau jusqu'à la ceinture pour y
» arriver, et dans ce trajet plusieurs soldats avaient mouillé
» leurs armes. Ce fut dans ce moment critique que com-
» mença une scène d'horreur affreuse à raconter. A peine
» était-on entré dans les chaloupes, que M. Delange don-
» na l'ordre de les déchouer et de lever le grapin. Il s'é-
» tait posté en avant avec un détachement, défendant de
» tirer avant qu'il en eût donné l'ordre positif. Il sentait
» néanmoins qu'il y serait bientôt forcé; déjà les pierres
» commençaient à voler de toutes parts, et ses soldats fai-
» saient de vains efforts pour écarter les insulaires qui
» entouraient les chaloupes à moins d'une toise de distance.

» Si la crainte de commencer les hostilités et d'être ac-
» cusé de barbarie n'eût arrêté l'infortuné Delangle, il se
» fût sans doute débarrassé de cette multitude d'Indiens
» en ordonnant de faire sur elle une décharge de mous-
» queterie; mais il se flattait de la contenir sans effusion
» de sang, et il fut victime de son humanité; car bientôt
» une grêle de pierres lancées avec autant de force que
» d'adresse fondit sur les chaloupes : alors le combat de
» part et d'autre devint général. Ceux des soldats dont
» les fusils étaient en état de tirer renversèrent plusieurs
» des assaillants; mais les autres, loin d'en être intimidés,
» semblèrent redoubler d'acharnement et de vigueur.
» Presque tous les hommes qui se trouvaient dans les cha-
» loupes furent atteints. Le malheureux Delangle n'eut que
» le temps de tirer ses deux coups de fusil; il fut renversé
» dans la mer où plus de deux cents Indiens le massacrèrent
» sur-le-champ à coups de massues et de pierres...

» La chaloupe de LA BOUSSOLE, commandée par M. Bou-

» tin, était échouée à deux toises de L'ASTROLABE, et elles
» laissaient parallèlement entre elles un petit canal qui
» n'était pas occupé par les Indiens : ce fut par là que se
» sauvèrent tous les blessés qui eurent le bonheur de ne
» pas tomber du côté du large ; ils gagnèrent nos canots,
» qui très heureusement étant restés à flot, se trouvèrent
» à portée de sauver quarante-neuf hommes sur les soi-
» xante et un qui composaient l'expédition. Ils arrivèrent
» à bord et nous apprirent cet événement désastreux. M.
» Boutin avait cinq blessures à la tête et une à l'estomac.
» Nous avions dans ce moment autour de nous cent piro-
» gues où les naturels vendaient des provisions avec une
» sécurité qui prouvait leur innocence ; mais c'étaient les
» compatriotes de ces barbares assassins, et j'avoue que
» j'eus besoin de toute ma raison pour contenir la colère
» dont j'étais animé ; et, pour empêcher nos équipages de
» les massacrer, je fis tirer un seul coup de canon à pou-
» dre, pour avertir les pirogues de s'éloigner. Une petite
» embarcation partie de la côte leur fit part sans doute de
» ce qui venait de se passer, car en moins d'une heure il
» n'en resta pas une seule en notre vue. »

C'est de ce lieu funeste que La Pérouse partit pour se
rendre à Botany-Bay. Précédemment il avait pris connaissance de Quelpaert, île de la mer Jaune, dont l'aspect lui
avait paru ravissant ; mais il s'était bien gardé d'y aborder, sachant que les naturels cherchent à y retenir esclave
tout Européen qui a le malheur de tomber en leur pouvoir.

FIN.

TABLE.

—

INTRODUCTION. 5
Prise de Southampton. 15
Descente en Angleterre par Jean de Vienne, amiral. 16
Prise de Sandwick par P. de Brézé, comte de Maulevrier, amiral. 18
Pierre-Jean de Bidoux. *ibid.*
Héroïque dévouement du capitaine Primauget. 19
Première expédition des français en Amérique. 20
Voyages de Jacques Cartier. 25
Voyages et malheurs de François Pyrard. 29
Exploits d'Armand de Maillé, duc de Brézé. 37
Hauts faits du comte de Blénac, gouverneur de la Martinique. 41
Malheur, générosité et délivrance du chevalier Quiqueran de Beaujeu. 42
Le duc de Beaufort vainqueur des pirates. 43
Conquête de Tabago. 44
Conquête de l'île d'Arguin. 47
Nouvel exploit de Ducasse. 48
Expédition de Duquesne et de Tourville contre les pirates. *ibid.*
Premier bombardement d'Alger. 49
Invention du capitaine Deschiens. 51
Second bombardement d'Alger. 52
Exploits de Fr. L. de Rousselet, comte de Château-Regnaud. 55
Courage du chevalier de Méné. 56
Entreprise hardie du capitaine Lalande. 57
Combat de Revesier. 58
Exploits de Jean Bart. 59
Expédition dans la baie de Tingmouth. 60
Premiers exploits de Duguay-Trouin. 61
Bel exploit de Gabaret. 62
Voyage de Froger, ou relation du voyage de M. de Gènes au détroit de Magellan. 63
Nouveau exploits de Duguay-Trouin. 68
Beaux faits d'armes du capitaine du Brouillan. 69
Exploits de Jacques Cassard. 70
Voyage de Frézier, officier de marine. 72
Expédition de Cassard en Afrique et en Amérique. 78
Hommage rendu à Cassard, par Duguay-Trouin. 80
Fierté du maréchal de Coëtlogon. 81
Bel exploit du marquis de la Gallissonnière. 83
Combat du comte du Chaffault de Besné. 84
Exploits du capitaine Thurot. 85
Voyage de M. de Bougainville. 87
Voyages du chevalier de Pagès, capitaine de vaisseau. 97
Belle et audacieuse entreprise de quelques marins français. 126
Bataille de Navarin. 130
Héroïque dévouement de l'enseigne Bisson. 135
Naufrage des canots de *la Boussole*, en 1788. 138

LIMOGES ET ISLE.
Imprimeries de EUGÈNE ARDANT et C. THIBAUT.

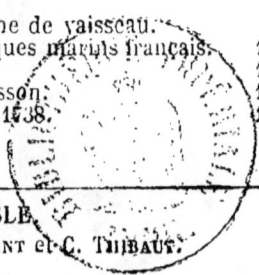

www.ingramcontent.com/pod-product-compliance
Lightning Source LLC
Chambersburg PA
CBHW070804290326
41931CB00011BA/2128